마음 스파

마 음 SOUL 스 파

SPA

있는 그대로 나를 사랑하게 되는 그 곳

김수영 지음

꿈꾸는지구

마음스파에 오신 것을
환영합니다!

당신의 마음에 물리적 실체가 있다고 상상해보세요. 어떤 모습을 하
고 있나요? 무슨 색깔인가요? 무엇으로 구성되어 있나요? 이제 그
마음을 당신의 몸에서 쏙 꺼내 보세요. 그리고 사회적 위치나 남들
의 시선처럼 내 마음을 둘러싸고 있던 옷들을 하나하나 벗겨낸 맨 마
음을 거품 가득한 욕조에 풍덩 담그세요. 마음이 어느 정도 노곤하게
이완되면 솜씨 좋은 손이 바쁘게 움직이며 걱정, 두려움, 미련 등 쓸
데없는 생각들을 샤워기로 깨끗이 씻어냅니다. 마음결이 맑고 보들
보들해졌네요. 감촉이 좋은 수건으로 온 마음을 꼼꼼히 닦은 후 새하
얗고 두툼한 샤워가운을 입혀주세요. 내 마음은 소중하니까.

이제 잔잔한 음악이 흐르고 아름다운 꽃들이 달콤한 향을 뿜어 내는 방으로 갈까요. 편안한 미소와 조곤조곤한 목소리가 당신의 마음을 반깁니다. 샤워 가운을 벗고 마사지 베드에 누우면 부드러운 손길이 오랫동안 뭉쳐 있던 분노, 슬픔, 무기력과 같은 부정적인 감정들을 풀어줍니다. 여기저기 틀어져 있던 기억들을 다시 맞추니 우두둑 소리가 나네요. 수십 년 묵은 감정들을 누를 때는 너무 아파서 '악' 소리가 날지도 몰라요. 당신이 의식조차 하지 못하는 핵심기억과 감정들이 독소가 되어 세포 곳곳에 숨어있으니까요. 그곳을 꾹꾹 누를 때마다 엄청 아프면서도 시원해집니다. 막혀 있던 곳이 다시 순환되기 시작한 거죠. 대신 독소가 배출되는 과정에서 며칠 간 조금 뻐근하고 으스스할 수 있어요. 이제 마사지가 끝났으니 자존감을 촉촉이 채워주는 레몬그라스티를 한 잔 마셔요. 오늘 밤에는 아기처럼 편안하게 잠들 거예요.

이 책은 한 뭉치의 종이지만, 읽는 동안 당신의 마음속에 가상의 공간인 마음스파를 그려보세요. 그리고 오늘 하루만큼은 당신의 마음을 이 곳에 온전히 내맡겨주세요. 고민으로 가득한 당신의 머리를 맑게 정리하고 해묵은 당신의 상처와 트라우마를 씻겨 드릴게요. 부정적인 에너지는 씻어 내고, 자존감과 긍정 에너지로 가득 채워 드릴게요. 이 책을 덮을 무렵 당신 마음의 무게는 훨씬 가벼워질 거예요.

　마음스파에는 4개의 방이 있습니다. 내 인생의 주인이 되는 방, 내 마음의 주인이 되는 방, 내 운명의 주인이 되는 방 그리고 지금 이 순간의 주인이 되는 방입니다. 이 4개의 방을 순서대로 가보는 것도 좋고 가장 마음이 끌리는 곳부터 들어가도 좋습니다.

　자, 그럼 시작해볼까요?

오늘 하루만큼은
당신의 마음을 이 곳에 온전히 내맡겨주세요.
고민으로 가득한 당신의 머리를 맑게 정리하고
해묵은 당신의 상처와 트라우마를 씻어 드릴게요.
부정적인 에너지는 씻어내고,
자존감과 긍정 에너지로 가득 채워 드릴게요.

차
례

프롤로그 마음스파에 오신 것을 환영합니다   5

💧 첫 번째 방
내 인생의 주인되기
〜〜〜〜〜〜〜〜〜〜〜〜〜〜〜〜〜〜〜〜〜〜〜〜〜〜〜〜〜

일 년 후에 죽는다면 무엇을 하고 싶으세요?   ··· 19

원하는 것에 초점을 맞추면 원치 않는 것이 눈 앞에서 사라집니다   ··· 23

하고 싶은 게 없다면 돈부터 벌어보세요   ··· 28

행복한 아마추어로 살아도 괜찮아요   ··· 33

실패가 두렵다면 시나리오를 써 보세요   ··· 38

의지가 없는 게 아니라 의미가 없는 것입니다   ··· 43

남들이라는 허상 대신 나 자신에게 인정받는 사람이 되세요   ··· 49

원하는 게 있으면 적극적으로 알리세요   ··· 54

고리사채보다 무서운 엄빠펀드를 아시나요?   ··· 59

어쩔 수 없이 버텨야 한다면 게임을 한다고 생각해보세요   ··· 64

🜄 두 번째 방
내 마음의 주인되기

내 존재의 이유는 내가 결정하는 것입니다 ⋯ 73

내 마음속 그 어린 아이를 품어주세요 ⋯ 79

지금이라도 그때의 내 편이 되어주세요 ⋯ 84

그때의 트라우마가 지금의 나를 만들었습니다 ⋯ 89

나에 대해서 만큼은 '무조건' 사랑하세요 ⋯ 95

부모는 선택할 수 없지만 '나'는 선택할 수 있어요 ⋯ 101

마음이 추운 날에는 어린 시절 사진을 꺼내보세요 ⋯ 106

당신도 사랑받고 싶었죠? ⋯ 110

나는 인생의 피해자가 아니라 창조자입니다 ⋯ 114

사랑할 때 우리는 꿈 꿀 수도 있습니다 ⋯ 121

연애하고 싶다면 싸돌아다니세요 ⋯ 125

모든 관계는 내 마음을 비추는 거울입니다 ⋯ 131

내 인생의 주인공 역할, 누구에게 맡기시겠어요? ⋯ 136

🌢 세 번째 방
내 운명의 주인되기

당신은 지금 역치를 높이고 있는 중입니다 ··· 147

"이렇게까지 해야 돼?"라는 생각이 들 때 변화는 시작됩니다 ··· 152

운이 좋은 사람들은 운이 좋을 때까지 시도한 사람들입니다 ··· 158

우리 '모두'는 특별합니다 ··· 163

베푼 것은 10%만, 받은 것은 10배로 기억하세요 ··· 167

모든 것은 내가 의미부여하기 나름입니다 ··· 171

당신의 스토리는 거기서 끝난 것이 아닙니다 ··· 177

어쩌면 우리는 자발적으로 불행을 택하는 것일지도 모릅니다 ··· 183

불행의 반대말은 행복이 아니라 다행입니다 ··· 188

화가 날 때는 화가 난 내 마음을 들여다보세요 ··· 194

마음을 헤아려주는 말 한 마디에서 공감은 시작됩니다 ··· 199

최악의 상황에서도 최악이 아닌 이유를 찾아보세요 ··· 204

인생의 계절을 받아들이면 불행할 이유가 없습니다 ··· 209

💧 네 번째 방
지금 이 순간의 주인되기

행복은 뺄셈이 아닌 덧셈에서 시작됩니다 ··· 219

사랑하는 마음으로 보면 사랑하지 못할 사람이 없습니다 ··· 223

우리는 자기긍정과 칭찬으로 성장합니다 ··· 228

인생을 매 순간 파티하듯 즐기세요 ··· 233

내 마음을 촉촉하게 샤워해주세요 ··· 237

나를 신처럼, 여신처럼 받들어 모셔요 ··· 241

낯선 이에게 친절을 베풀어 보세요 ··· 247

때로는 인생에 나를 내맡겨보세요 ··· 252

세상을 축복하세요 세상도 나를 축복해줄 거예요 ··· 259

행복은 지금 이 순간, 바로 여기에 있습니다 ··· 265

• 나만의 만트라를 만드세요! ··· 270

에필로그 행복 이상의 자유, 여여하게 산다는 것 ··· 273

감사의 글 ··· 278

내 인생의 주인되기

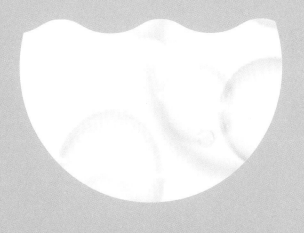

마음스파의 첫 번째 방은
'내 인생의 주인되기'입니다.
어떻게 살아야 할지, 무엇을 해야 할지
막막하고 불안하시죠?
이곳에서 머릿속의 쓸데없는 생각들은 비워내고
명확한 방향성과 구체적인 계획으로 채워드릴게요.

▶

○

◆

일 년 후에 죽는다면
무엇을 하고 싶으세요?

"남들 따라 열심히 스펙 쌓고 있는데 문득 제가 왜 이렇게 사는지 모
르겠다는 생각이 들었어요. 이렇게 사는 게 맞나요?"

　강연을 갔다가 한 여대생에게 받은 질문입니다. 그러고 보면
우리는 참 열심히 삽니다. 초·중·고 12년 동안 대학 준비하고, 대학
에서는 내내 취업 준비하고, 취업해서는 결혼 준비하고, 결혼해서
애 낳으면 애들 대학 보내려고 더 열심히 돈 벌어서 사교육시키고,
애가 대학가면 취업 준비시키고, 취업하면 결혼 준비시키고… 그렇
게 '준비'만 하다가 한평생이 갑니다. 물론 여기에는 사회 구조적인

문제도 있지만 우리 스스로에게도 자문해볼 필요가 있습니다. "과연 무엇을 위해서 이렇게 열심히 사는 걸까?" 당신이 그렇게 열심히 달리는 이 길의 끝에는 무엇이 있나요? 당신 인생에서 가장 중요한 것은 무엇인가요? 지금 이 길은 당신이 스스로 선택한 길인가요? 중요한 것은 '얼마나' 열심히 달리느냐가 아니라 '어디를 향해' 달리느냐 아닐까요. 자신의 길을 스스로 선택해서 간 사람들은 중간에 조금 헤매기도 하고 아니다 싶으면 돌아와서 다른 길을 가더라도 자기 길을 찾아갑니다. 길이 없으면 스스로 길을 만들기도 하지요.

반면에 어느 길을 가야 할지 헷갈려서 그냥 멈춰 있거나 남들에게 등 떠밀려 일단 사람이 많은 길로 가는 사람도 있습니다. 그러다 어느 날 문득 낯선 곳에서 자기 자신을 발견하고 "내가 어쩌다가 여기까지 오게 된 거지?" 하고 놀라며 남들을 원망하죠. 아무 선택을 하지 않은 것도 자신의 선택이요, 남들 말대로 한 것도 자신의 선택인데 말이죠. 그럼 내가 진짜 원하는 것을 알려면, 인생의 갈림길에서 하나를 선택하려면 어떤 기준으로 선택해야 할까요? 예전의 저는 그런 순간이 올 때마다 이렇게 자문하곤 했습니다.

"내가 만약 일 년 후에 죽는다면 나는 무엇을 할 것인가?"

그렇게 생각하면 답은 명확해집니다. 죽음에 임박한 순간을 상상해보세요. 그때도 당신의 성적, 스펙, 대학이나 직장 타이틀 따위에 연연하게 될까요? 아마 그보다는 당신이 행복했던 순간, 사랑했던 사람들, 아직 못다 이룬 꿈이 떠오를 겁니다. 저 역시 생이 유한하다는 사실을 깨닫고 나서 제게 주어진 시간과 지구라는 공간을 최대한 활용하기로 했습니다. 그래서 하루하루 살아내기 보다는 꿈에 하나하나 도전하며 살 수 있었고, 개인적으로 이루고 싶은 꿈들을 거의 다 이뤘습니다. 이제 남은 꿈은 전부 '나'를 위한 것이 아닌 '우리'를 위한 것들입니다. 25개월 간 47개국에서 500명의 삶을 깊이 있게 취재하면서 인생의 새로운 판단 기준이 생겼기 때문입니다.

"나는 죽고 나서 어떤 사람으로 기억되고 싶은가?"

우리는 죽음 앞에서 가장 진실해질 수 있습니다. 당신이 죽고 난 10년 후를 생각해보세요. 당신이 세상을 바꿀 정도의 위대한 업적을 이루지 않는 이상 결국 남는 것은 사랑하고 사랑받았던 기억일 뿐입니다. 그러니 사랑하세요. 그리고 당신이 하고 싶은 일을 하세요. 만약 당신이 365일 후에 죽는다면 남은 시간을 어떻게 살겠습니까? 떠오르는 대로 적어 보세요. 그리고 한번 그렇게 살아 보는 겁니다. 인생은 막연한 먼 훗날의 성공을 위해 '준비'하는 시간이 아니라 바로 '지금 이 순간' 그 자체니까요.

마음열쇠

1년 후에 세상을 떠날 수도 있다는 가정 하에 지금까지의 삶을 되돌아
보고 사랑하는 사람들에게 남기고 싶은 이야기를 담은 유언장을 써보세
요. 기왕이면 재산을 어떻게 처분할 것인지, 장기기증 여부까지 검토해
보세요. 전체 문장, 연월일, 주소, 성명을 자필로 쓰고 날인하면 법적 효
력도 생긴 답니다. 죽음을 좀더 가까이 느껴보고 싶으신 분은 '임종체험'
에 도전해보세요!

원하는 것에 초점을 맞추면
원치 않는 것이 눈 앞에서 사라집니다

한 가지 테스트를 해보겠습니다. 10초 동안 지금 당신의 시야에 들어오는 모든 빨간 색을 찾아보세요. 뭐가 보이나요? 빨간색 볼펜, 소화기, 립스틱, 빨간 장미, 빨간 옷 등 갑자기 눈에 빨간 색만 들어오지 않나요?

이 우주에는 지금 이 순간에도 우리가 헤아릴 수 없을 정도로 많은 일들이 벌어지고 있습니다. 사람이 죽고 태어나고, 꽃이 지고 열매를 맺고, 화산이 폭발하고 지진이 발생하고… 하지만 우리의 뇌는 그 모든 것을 인지할 수가 없습니다. 그저 지금 이 순간 우리가 관심을 가지고 집중하고 있는 것들만 눈에 보일 뿐이지요. 머리하러 가는 날은 다른 사람들 헤어스타일만 눈에 들어오고 신발을 사러 가는 날은 신발만 눈에 들어오는 것처럼요.

마찬가지로 어떤 상황이나 사람 때문에 힘들다고 괴로워하고 절망하는 데 모든 에너지를 다 쏟고 있다면 그 고통은 우리의 모든 신경을 장악하게 됩니다. 부정적인 생각이 꼬리에 꼬리를 물고 우리를 집어삼키면 긍정적인 에너지는 고갈되어 버립니다. 이 상황을 드라마틱하게 반전시키는 가장 강력한 방법은 바로 내가 원하는 것에 모든 에너지를 쏟아 버리는 것이죠.

어린 시절 저는 가난과 아버지의 술주정, 어머니의 신세한탄, 답답한 학교에 환멸을 느껴 중학교 때부터 방황과 가출을 일삼았습니다. 하지만 고1때 꿈이 생기자 누구를 원망하고 비난할 시간이 없었습니다. 교실에서는 머리 위로 축구공이 날아다니고, 선생님조차 제 꿈을 비웃었고, 집에 오면 부모님이 싸우는 상황의 반복이었지만 그전에는 거슬렸던 그 모든 것들이 보이지 않고 들리지 않았습니다. 대학 진학이라는 1차 목표에 온 신경이 쏠려 있었으니까요.

12년 전 가족과 돈 그리고 건강상의 문제로 다시 인생의 바닥을 쳤을 때도 그랬습니다. 왜 나만 이렇게 힘든지, 세상은 왜 이토록 불공평한지 한탄하던 저는 꿈목록을 쓰기 시작했고, 그 후로는 그 꿈들을 이룰 기회들만 눈에 들어왔습니다. 세상은 그대로였지만, 내가 바라보는 것들이 달라지자 인생은 달라지기 시작했습니다. 꿈을 이루느라 바쁘게 살다보니 불평불만을 얘기할 시간도 없이 12년이 흘렀고, 저는 80여 개국에서 70개의 꿈을 이룰 수 있었습니다.

저뿐만 아니라 많은 이들이 이 놀라운 경험을 공유했습니다. 췌장암 말기로 3개월 시한부 진단을 받은 한 독자는 저의 책《멈추지마, 다시 꿈부터 써봐》를 읽은 후 꿈목록을 쓰셨고, 그 꿈들을 이루느라 5년이 지난 지금도 너무나 바쁘게, 그리고 건강하게 생활하고 계십니다.

힘들고 아플 때 주저앉아 엉엉 울고 주변사람들에게 위로를 구하는 것도 분명 도움이 됩니다. 하지만 고통이라는 것은 계곡의 급류와 같아서 무방비 상태로 있는 우리를 순식간에 휩쓸어 버립니다. 그 상황에서 왜 물이 내가 원하는 방향대로 흐르지 않는지, 왜 이렇게 물살이 거센지, 왜 하필 나한테 이런 일이 닥쳤는지 따지고 원망해봤자 상황은 나아지지 않습니다. 차라리 저 멀리 예쁜 꽃들이 피어 있는 언덕을 바라보며 온 힘을 다해 뛰어가세요. 그 언덕에 도착하고 나서 물길의 흐름을 곱씹어도 늦지 않습니다.

삶이 힘들수록
내가 원하는 삶을 자주 그려보세요.
원하는 것에 초점을 맞추면
원치 않는 것들이 눈앞에서 사라지니까요.

삶이 힘들수록 내가 원하는 삶을 자주 그려보세요. 원하는 것에 초점을 맞추면 원치 않는 것들이 눈앞에서 사라지니까요. 거기에 모든 에너지를 집중하면 나를 불행하게 만드는 것들에 신경 쓰고 자신의 처지를 한탄할 시간이 없습니다. 내가 원하는 그곳을 향해 힘차게 한 발짝 내딛는 것이 당신을 휩쓸고 있는 급류로부터 벗어나는 가장 확실한 방법입니다.

마음열쇠

원하는 것에 초점을 맞추면 원치 않는 것들이 사라집니다.

▶
○
◆

하고 싶은 게 없다면
돈부터 벌어보세요

"저는 꿈이 없는데 이렇게 살아도 괜찮을까요?"라고 걱정스럽게 제게 묻는 분들이 많습니다. 그건 전혀 걱정할 일이 아닙니다. 지금의 삶에 만족하고 있다는 거니까요. 그런데 문제는 현재의 상황이 불만족스러운 경우입니다. 이렇게 살고 싶지는 않은데, 그렇다고 앞으로 뭘 해야 할지도 모르는 그런 상황. 도대체 왜 하고 싶은 게 없을까요? 당신의 열정이나 의지 부족이 아니라 세상에 뭐가 있는지, 내가 뭘 좋아하고 싫어하는지, 뭘 잘하고 못하는지 잘 몰라서일 겁니다.

혹시 '세비체'라는 음식 아세요? 페루 음식인데 진짜 맛있답니다. 그런데 이 음식을 먹어 보지 않았다면 맛이 있는지 없는지도 모를 테고 먹고 싶다는 생각 또한 들지 않겠지요. 저는 세상이 일종의 뷔페라고 생각합니다. 좋은 사람들, 아름다운 곳, 재미있는 일들, 멋진 기회들이 정말 많습니다.

뷔페를 가서 처음 보는 낯선 음식들을 조금씩 덜어 먹다 보면 나름의 선호도가 생겨서 더 맛있는 음식을 잘 골라서 먹게 되는 것처럼 다양한 경험을 해봐야 하고 싶은 것도 생깁니다. 내가 한 발짝만 내딛으면 되는데, 그렇게 못하면서 내 주변의 익숙한 일, 환경, 사람들만 탓하는 것은 마치 뷔페에 와서 익숙한 김밥만 먹으면서 "김밥 너무 지겨워!"라고 불평하는 것과 같습니다. 그러기에는 한 번뿐인 인생이 너무 아깝고, 이 넓은 지구에 미안하잖아요. 그러니까 우리 움직여봅시다. 당장 뭘 해볼 수 있을까요?

첫째는 돈을 벌어 보는 것입니다. 기간과 목표액을 정하고 아르바이트, 사무직, 육체노동, 창업 등 여러 종류의 일에 도전해 돈을 벌어 보세요. 온몸으로 부딪히고 깨지면서 깨닫게 될 거예요. 남의 돈 벌기 참 쉽지 않구나, 우리 부모님이 이렇게 힘들게 날 키웠구나, 세상에는 참 다양한 종류의 일과 사람이 있구나, 이렇게 돈을 버는 사람도 있구나⋯ 그렇게 번 돈은 열심히 모아두세요. 나중에 하고 싶은 일이 생겼는데 돈이 없어서 못하는 일이 없도록 말입니다.

둘째, 더 큰 세상을 만나세요. 대한민국은 인구로 보나 땅덩어리로 보나 이 지구의 1%도 되지 않아요. 나머지 99%가 궁금하지 않으세요? 여행, 교환학생, 어학연수, 워킹홀리데이, 해외 인턴십 등 다양한 기회를 활용해서 최대한 여러 나라를 경험해보세요. 단순히 관광지에 가서 사진만 찍지 말고 현지인들의 삶 속으로 깊이 파고들어가 보세요. 이 경험이 여러분의 그릇을 키워줄 테니까요. 물론 경비는 여러분이 직접 번 돈으로 마련하는 거 아시죠?

셋째, 사람을 많이 만나세요. 주변의 익숙한 사람들 말고, 내가 꿈꾸는 삶을 이미 살고 있는 다양한 환경의 사람들이 더 좋겠죠? 그들은 내가 미처 몰랐던 삶과 세상을 보여주는 스승 역할을 할 거예요. 기왕이면 연애도 많이 하세요. 나에 대해서, 타인에 대해서 이렇게 깊게 알 수 있는 기회가 많지 않아요.

넷째, 책이나 영화 등 간접 체험도 좋아요. 우리의 시간은 한계가 있어서 세상의 모든 걸 직접 경험할 수는 없거든요. 그러니까 남들이 긴 세월을 거쳐서 깨닫고 창조해낸 것들을 단 몇 시간 만에 내 것으로 만들고 간접 경험할 수 있다는 건 어마어마한 축복입니다.

다섯째, 집에 돈이 없어서 또는 재능이 부족해서 취미로 하고 싶었던 것을 포기하진 않았나요? 꿈이 먹고사는 일과 연결 되어야 할 필요는 없어요. 내가 잘하는 일로 돈을 벌고 좋아하는 일은 취미로 해도 충분히 행복할 수 있습니다. 아무리 바빠도 당신이 좋아하는 그것을 놓지 않았으면 좋겠어요. 지금은 부족하다고 생각되는 재능이 차곡차곡 쌓여서 언젠가 빛을 발할 테니까요.

마지막으로 봉사활동입니다. 내게는 당연한 많은 것들이 누군가에게는 당연하지 않은 경우가 많죠. 나보다 힘든 사람들을 찾아가서 그들을 위해 할 수 있는 일들을 해보세요. 미처 몰랐던 나의 재능을 발견할 수도 있고 여러 가지 생각들을 하게 될 거예요. 내 삶이 참 괜찮구나, 난 행복한 사람이구나, 나도 누군가에게 도움을 줄 수 있구나….

그렇게 인생이라는 뷔페를 맛보다 보면 내가 무엇을 좋아하고 무엇을 싫어하는지, 무엇을 잘하고 무엇을 못하는지 알 수 있습니다.

그뿐만 아니라 '이렇게 살고 싶다' 또는 '저렇게 살고 싶지 않다'라는 나만의 가치관도 생기게 됩니다. 그러니 일단 움직여보세요. 우리의 위에 한계가 있듯 우리에게 주어진 시간도 한계가 있으니까요. 오늘은 무엇에 도전해볼까요?

"지구의 99%를 만나는 방법" 영상

행복한 아마추어로 살아도
괜찮아요

저는 "하루에 몇 시간 주무시나요?"라는 질문을 종종 받습니다. 수십 개의 꿈에 도전했으니 매일 바쁘게 열심히 산다고 생각하시나 봐요. 하지만 저는 하루에 7시간 이상 숙면하는 지극히 평범한 사람이에요. 머리가 대단히 좋지도 않고 어린 시절 집이 가난해서 예체능 학원 근처에는 가보지도 못했습니다. 그렇지만 '한번 해볼까?'라는 생각이 들면 주저 없이 실천에 옮겼고, 그것이 꿈을 이룬 핵심비결이었다고 생각합니다.

많은 사람들은 뭔가를 하고 싶어도 '이거 해서 먹고살 수 있을까?'라는 고민부터 합니다. 이미 그 분야에서 성공한 사람들을 보면 내 재능이나 경험이 너무나 하찮아 보여 감히 도전하면 안 될 것 같은 생각도 듭니다. 뿐만 아니라 '그거 성공하기 힘들다더라' '그런 거 아무나 하는 줄 아느냐'는 주변 '꿈 파괴자'들의 핀잔을 듣고 쉽게 포기하기도 합니다.

그런데 세상 모든 일이 '먹고사는 일'로 귀결되어야 할까요? 한 분야에서 '성공하는 것'만이 꿈이라 할 수 있을까요? 저는 노래를 3곡 만들었고 2장의 앨범을 취입했지만 대부분의 사람들은 모릅니다. 왜냐면 제 꿈은 '노래를 만드는 것'이었지 '음원차트에서 1위를 하는 것'이 아니었으니까요. '발리우드 영화에 출연'하는 꿈을 3개월 만에 이뤘지만 만약 '발리우드에서 톱스타가 되는 것'을 목표로 삼았다면 10년이 걸려도 쉽지 않았을 것 같습니다. 그리고 그것을 이루지 못해 지금까지 불행해하면서 살았을지도 모르죠.

코미디언 이경규 씨가 언젠가 이런 말을 했습니다. "내 꿈은 영화감독이고 내 직업은 개그맨이다!" 잘하는 일로 돈을 벌어서 좋아하는 일에 좀 써도 괜찮은 겁니다. 돈은 그러라고 버는 거니까요. 좀 망하면 어떤가요? 하고 싶은 일을 원 없이 했으니 적어도 '그걸 했어야 하는데…' 하면서 남은 평생 미련 속에 살지는 않을 겁니다.

도전의 결과는 둘 중 하나입니다.
성공하거나 성장하는 것.

물론 남들이 알아주지도 않고 1인자가 된 것도 아닌데 무슨 꿈을 이뤘다고 할 수 있냐고 반문할 수도 있겠지만 저에게는 이런 수많은 도전들이 제 삶을 다채롭고 충만하게 만듭니다. 그걸로 먹고살아야 한다는 강박이 없기 때문에, 정말 하고 싶어서 하기 때문에, 목숨 걸지 않기 때문에 내면에서 솟구치는 열정에 더욱 충실할 수 있거든요.

만약 매사에 1등이 될 정도로 탁월하려면 평생에 걸쳐 꿈을 몇 개나 이룰 수 있을까요? 꿈마다 이루고자 하는 경지가 달랐기 때문에 상대적으로 짧은 시간동안 많은 꿈을 이룰 수 있었던 것이죠. 저는 괴로운 프로보다는 행복한 아마추어가 되기를 선택한 것입니다.

물론 어떤 한 가지 일에 깊게 파고들어 장인의 경지에 이르는 것이 꿈인 사람도 있겠지요. 그렇다면 그것에 평생 매달리는 게 맞습니다. 하지만 자신의 적성과 상관없이 막연히 '안정적'이라는 직업을 갖기 위해 몇 년간 시험 준비를 하는 수험생을 한번 생각해볼까요? 그 수험생은 시험에 붙을 때까지 자신의 모든 욕망을 절제하고 삶의 모든 즐거움을 포기하며 살아야겠지요. 그런데 만약 그 시험에 떨어진다면? 아니면 시험에 붙어서 그 일을 시작했는데 막상 해보니 내가 원했던 일이 아니라면? 이렇게 무엇인가에 목숨 걸고 살수록 리스크가 커집니다. 포기하고 싶어도 투자한 게 아까워서 잘

못된 길을 되돌아가기도 힘들어지고요.

어쩌면 우리는 매사에 너무 완벽하려 하는 것인 지도 모르겠습니다. 일례로 외국어 학습이 그렇습니다. 많은 사람들이 네이티브처럼 영어를 잘해야 한다는 쓸데없는 강박을 가집니다. 그럴수록 외국인과 대화를 나눌 때 힘이 들어가고 자꾸 의식하게 됩니다. '현재진행형으로 말해야 하는데 과거형으로 얘기하다니, 이 바보!' 하면서 스스로를 자책하다 보면 입은 더 열리지 않죠. 열심히 하면 '외국어를 잘하는 외국인'이 될 수 있었을 텐데 네이티브 스피커라는 애초에 불가능한 목표를 가지고 있으면 스스로 괴롭기만 합니다.

말도 그냥 막 하다 보면 늘듯 꿈도 막 도전하다보면 경험과 실력이 늘어갑니다. 처음에는 가볍게 취미로 하다가도 몇 년을 하다 보면 어느덧 정말 먹고살 만한 경지에 이르게 되기도 하지요. 꼭 그렇지 않아도 괜찮습니다. 좋아하는 일을 하고 있다는 그 자체가 내 삶을 더욱 풍요롭고 행복하게 만들어 줄 테니까요. 그러니 '먹고사는 일'은 잘하는 일로, '내가 좋아서 하는 일'은 좋아하는 일로 생각하고 동시에 도전해보세요. 그렇게 살아도 충분히 괜찮은 인생입니다.

실패가 두렵다면
시나리오를 써 보세요

원하는 직장에 들어갈 수 있을까? 직장에서 잘리면 어떡하지? 준비 중인 시험에 떨어지면? 세계일주 후에 돌아갈 직장이 없으면? 창업 했다가 망하기라도 하면? 패가망신하고 노숙자 신세가 되면 어떡하지? 사람들은 나를 비웃겠지?

제가 남녀노소를 막론하고 가장 많이 받는 질문은 바로 "실패에 대한 두려움을 어떻게 극복하나요?"입니다. 꿈꿔 왔던 일에 도전하고 싶지만 행여나 실패해서 재기불능이 되는 최악의 상황이 올까봐 두려운 것이죠. 그건 결코 당신이 나약해서가 아닙니다. 원시 인류 중 야생동물이나 천재지변 등 위기상황을 빨리 포착하고 대처한 이들만이 살아남았기에 그 후손인 우리도 본능적으로 부정적인 신호를 더 빨리 감지하는 것이지요.

하지만 그거 아세요? 많은 사람들이 그토록 두려워하는 '최악의 상황'을 겪더라도 1~2년 후에는 회복이 된다는 사실을요. 제가 직접 바닥을 쳐보고 나서야 알게 된 것입니다. 그리고 그 바닥이 생각보다 깊지도 않고, 한 번 바닥을 치면 탄력을 받아 올라갈 일만 남았다는 것을요. 그런데 그 바닥이 얕은지도 모르고 겁만 먹는다면 수면에서 허우적대다 지쳐버려요. 하지만 생각해보세요. 내가 최악의 상황을 맞는다 할지라도, 스스로 노숙자나 폐인이 될 때까지 내버려 둘 건가요? 아니요! 어떻게든 극복하기 위해 노력할 거고 회복탄력성을 발휘할 겁니다. 그러니 막연히 불안해하지 말고 구체적으로 시나리오를 써보면 어떨까요.

7년 전 부모님 집을 사드리고 빚까지 있는 상황에서 저는 세계 일주와 다큐멘터리 제작이라는 꿈에 도전하기 위해 직장을 그만두기로 결심했습니다. 어려운 결정을 앞두고 저는 최선과 최악의 시나리오를 동시에 써 봤어요. 최악의 시나리오는 여행을 마치고 돌아갈 직장이 없는 채로 빈털터리가 되는 것이었습니다. 그래서 재취업에 실패할 경우를 염두에 두고 영어강사, 번역, 여행가이드, 바리스타,

주방 보조 등 할 수 있는 일들을 모조리 적어 보았습니다. 굶어 죽지는 않겠다는 확신이 들더군요.

세계일주를 하면서 다양한 사람을 만난 경험은 평생 두고두고 도움이 될 테니, 1~2년의 경제적 어려움은 아무것도 아니라는 생각이 들었죠. 확신을 갖게 된 저는 곧바로 공모전에 도전했고, 입상하여 상금으로 1억 원을 받았습니다. 그 돈으로 일 년간 25개국에서 365명의 꿈을 인터뷰했고 그렇게 제작한 다큐멘터리가 'SBS 스페셜'을 통해 방영됐답니다. 제가 구상한 최선의 시나리오대로 된 거죠.

물론 모든 일이 최선의 시나리오대로 풀리지는 않지만 상황별 시나리오가 마련되어 있는 것만으로도 마음이 평화로워집니다. 그리고 일어나지도 않은 일을 걱정하느라 낭비되는 에너지도 아낄 수가 있고요. 예를 들어 고시공부 중이라면 합격하는 경우, 떨어지는 경우 이렇게 두 가지 경우의 수가 있습니다. 그럼 합격했을 때의 상황뿐만 아니라 합격하지 못할 경우 시험을 언제 포기할 건지, 포기후 어떻게 먹고살 건지 다양한 시나리오를 써 보세요. 혹시 시험에 떨어져 인생이 끝나는 건 아닐까 전전긍긍하기보다는 자신이 결정한 데드라인까지 공부에 집중하고 편안한 마음으로 시험결과를 기다릴 수 있을 겁니다.

그리고 생각해보세요. 실패가 두려운 것도 결국 뭔가 '잃을 것'이 있을 때인데, 내게 지금 얼마나 잃을 게 있는지. 몇백, 몇천만원의 돈? 몇 달, 몇 년의 시간? 건강하기만 하다면 돈은 다시 벌 수 있고, 살면서 한 번쯤 치열하게 도전하고 실패해보는 경험은 마이너스가 아니라 플러스입니다. 목표했던 결과를 얻지 못할지라도 그만큼의 경험, 인맥, 통찰력, 지식 등이 당신의 자산으로 쌓여서 다음 도전의 성공 확률은 높아지게 됩니다.

아무것도 하지 않으면 아무 일도 일어나지 않는다고요? 아니요, 아무 것도 하지 않으면 언젠가 자의가 아닌 타의에 의한 변화가 일어납니다. 진짜 '최악의 상황'이란 이렇게 아무 대비가 되지 않은 상태에서 예상치 못하게 닥치는 법이지요. 당신이 안정적 일거라고 믿었던 것들이 사실은 가장 위험한 것일지도 몰라요. 그러니 도전해봐요. 도전의 결과는 둘 중 하나입니다. 성공하거나 성장하는 것.

마음열쇠

눈을 감고 당신이 상상할 수 있는 최악의 상황을 최대한 구체적으로, 극단적인 상황까지 상상해보세요. 이때 몸과 마음에 어떤 반응이 오나요? 이 두려움은 어디서 오는 걸까요? 그 다음에 최선의 상황을 최대한 구체적으로 상상해보세요. 다시 최악의 상황을 떠올려 보니 어떤 기분이 드시나요? 최선의 상황대로 되려면 어떻게 해야 할까요?

▶

○

◆

의지가 없는 게 아니라
의미가 없는 것입니다

우리는 흔히 연초가 되면 '몸짱이 되겠어' '영어를 마스터하겠어' 등 야심찬 계획을 세웁니다. 그렇지만 불과 일주일만 지나도 처음의 다짐을 잊어버리고 게을러지죠. 몇 주 후 화들짝 놀라 '앗, 운동을 해야 해!' '영어공부 해야 돼!' 하면서 자기 자신을 채찍질 하지만 헬스장이나 영어학원 가는 것은 여전히 귀찮습니다. 이런저런 핑계를 대면서 한두 번씩 빠지다가 언젠가부터는 아예 가지 않게 됩니다.

그런 자신에 대해 '나는 의지가 부족해' '나는 게을러'라고 자책하고 있다면 좋은 소식이 있어요. 당신의 의지가 부족한 게 아니라, 도전의 의미가 부족한 것이라는 사실입니다. 생각해보세요. 지금까지 넉넉한 몸매로 잘 살아왔는데 이제 와서 몸짱이 되서 뭐하겠어요? 먹는 즐거움이 운동하는 즐거움보다 큰데! 영어 백날 공부해서 뭐하겠어요? 외국 여행이나 출장 갈 계획도, 외국인이랑 부딪힐 일도 없는데!

우리는 성공한 사람들의 인터뷰 기사를 읽을 때 '그냥 열심히 살았다' 보다는 '인생의 바닥을 칠 정도로 고통스러웠고, 이를 극복하기 위해 처절하게 노력했다'는 스토리에 더 큰 환호의 박수를 보냅니다. 우리 모두 성공하고 싶지만 그렇게 되기 위해서는 엄청난 노력이 필요하다는 것을 알고 있어요. 그런데 나는 성공은커녕 조금의 변화도 이끌어내지 못하는데 저 사람은 그냥 열심히 하니까 됐다? 우리는 이런 밋밋한 사실은 잘 받아들이지 못해요. 반대로 저 사람이 저토록 절절한 이유가 있었다면 '그럴 만하네' 하면서 인지적으로 납득이 되고 감동을 받는 것입니다.

무언가에 도전한다는 것은, 변화를 이끌어낸다는 것은 엄청난 의지와 노력을 필요로 하지요. 불안과 두려움을 무릅쓰고, 현재의 편안함을 포기하면서까지 뭔가를 하려고 할 때는 그래야만 하는 강력한 이유가 필요합니다. 이 일을 해야만 하는 간절한 이유 말입니다.

저 역시 이 책의 원고를 쓸 때 그랬습니다. 처음에는 '매일 새벽에 일어나 한 챕터씩 쓰자. 그럼 두 달 내로 원고를 완성할 수 있을 거야'라고 상상했지만 글이 생각처럼 잘 써지지 않았습니다. 컴퓨터를 켜놓고 자꾸 딴 짓을 하거나 혼자서 이런 저런 생각에 사로잡히거나 다른 책을 보느라 몇 달이 흘러버렸습니다. 글을 쓰려고 일부러 절에까지 들어가서 끄적거리기도 했지만 잡념이 계속 되어 자책도 많이 했습니다. '무라카미 하루키는 매일 한두 시간 달리기를 하고 오전 내내 글 쓰는 데만 집중한다는데, 새벽에 일어나 고작 한 챕터 쓰는 게 뭐가 힘들다고 그것도 못하는 거야! 이렇게 게을러서 뭘 할 수 있겠어!' 하고요.

그리고 나서 한 달 정도 원고에서 손을 뗀 채 무작정 게으르게 지냈습니다. 평소 읽고 싶던 책도 실컷 읽고, 사람들도 만나서 신나게 놀았습니다. 그러던 중 문득 내가 이 책을 왜 써야 하는지 스스로에게 물어보았습니다. '신문사에 칼럼을 기고해왔으니 내용을 추가해서 책을 내야지'라는 막연한 이유였더군요. 그러니까 글 쓰는 게 일처럼 느껴졌고 거부감이 들었는지도 모릅니다. 그런데 놀다보니 영감이 떠오르며 내가 왜 이 책을 써야 하는가에 대한 새로운 이유를 찾았습니다. '아이를 낳고 나면 내 삶의 우선순위와 관심사가 완전히 달라질 텐데, 그 전에 지난 12년간 내 삶과 마음의 주인이 되

현재의 편안함을 포기하면서까지
뭔가를 하려고 할 때는
그래야만 하는 강력한 이유가 필요합니다.
이 일을 해야만 하는 간절한 이유 말입니다.

기 위한 고군분투 끝에 깨달은 것들을 남겨 놓고 싶다'라고 말이죠.

인생의 새로운 챕터로 넘어가기 전 지금의 챕터를 잘 마무리하는 작업이라 생각하니 제 스스로 원고에 임하는 태도가 달라졌습니다. 지난 경험들을 반추하며 수많은 메모를 적기 시작했고, 집중해서 글을 써 나갈 수 있었습니다. '나중에 아이가 자라서 이 책을 읽었을 때 우리 엄마가 참 멋진 사람이라고 생각했으면 좋겠다'라는 생각이 미치니 더욱 좋은 책을 쓰고 싶다는 욕심이 생겼습니다.

무엇을 하든 우리는 스스로 내면에서 '해야 할 이유'를 찾아야 합니다. '누가 시켜서 해야 하는 일'은 의미도, 재미도 없게 느껴지지요. 많은 부모님들은 아이들에게 무조건 '열심히 공부하라'고 합니다. '너 잘되라고 하는 소리'라고 하지만 사실 그것은 '공부 잘하는 자식을 둔 부모'가 되고 싶은 부모의 욕심 아닐까요? 부모가 학벌에 대한 콤플렉스가 클수록 아이의 공부에 집착하고, 부모가 돈때문에 고생해본 적이 있다면 아이들이 '돈 안 되는 직업'을 꿈꿀 때 반대하기 쉽습니다. 하지만 그것은 어디까지나 부모의 동기이지 자녀의 동기는 아니기 때문에 안타깝지만 아이 입장에서는 잔소리로 들릴 뿐입니다.

누군가 내게 무엇을 강요하지 않더라도 '남들이 다들 하니까'

해야 한다고 생각하는 것 또한 나의 진짜 동기가 아니기 때문에 마음이 움직이지 않습니다. 스스로에게 무작정 열심히 살라고 외쳐 봤자 내면의 자아가 이를 잔소리로 받아들이는 것입니다. 진심으로 원하지 않는 일 때문에 고민하지 마시고 하고 싶은 것이 생길 때까지, 해야만 하는 이유를 찾을 때까지 차라리 밖에 나가서 실컷 노세요.

그동안 '해야 되는데…' 하면서도 하지 않아서 스트레스 받았던 것들이 있다면 왜 해야 하는지 그 이유를 한번 적어보세요. 만약 그 이유를 끝내 찾지 못하겠다면 그냥 안 하겠다고 소리 질러 보세요.

예 "다이어트? 아 몰라! 안 할 거야! 세상에 있는 맛있는 음식 다 먹고 죽을 거야!"

남들이라는 허상 대신
나 자신에게 인정받는 사람이 되세요

'주변 사람들은 벌써 취업하고 결혼해서 애 낳고 잘만 사는데…' 하며 남들과 자신을 비교하거나 '남들의 시선이 두렵다'는 이야기를 종종 듣다 보면 궁금해집니다. 도대체 그 '주변 사람들'은 누구길래 나만 빼고 다들 잘 나가는 걸까요? 뭐하는 사람들이길래 나를 매의 눈으로 지켜보고 있는 걸까요?

추측컨데 '주변 사람들'은 이들일 것입니다. 초등학교 때는 예쁘고 잘생긴 부잣집 아이들. 중학교 때는 연예인을 따라하며 트렌드를 주도했던 아이들. 고등학교 때는 공부 잘해서 좋은 대학에 간 아이들. 대학에서는 좋은 직장에 취업한 아이들. 직장에서는 빨리 승진한 사람들.

결혼하고 나면 배우자와 경제력으로, 아이가 자라면 아이의 성적으로 서로를 비교합니다. 다른 집 아이들이 좋은 대학을 가는데 내 자식이 그렇지 못하면 속상하고 창피하지요. 자식이 결혼하고 나면 노인들끼리 모여 자식, 며느리, 사위, 손자손녀 자랑을 합니다. 자식이 백수 혹은 미혼이거나, 결혼을 했지만 자주 연락이 없거나, 손자손녀가 아직 없는 어르신들은 남들이 자랑할 때 아무 말도 못하고 집에 돌아와 심통을 부리기도 합니다. 나 자신에 대해 내세울 게 없을수록 더 그렇습니다.

평생 남들과 비교하며 살아가는 사람들의 인생은 대략 이러합니다. 이렇게 끊임없이 타인을 의식하며 산다는 건 얼마나 피곤한 일일까요? 경쟁하기 위해서 태어난 것도 아닌데 컨베이어 벨트에 놓여진 공산품처럼 내 인생을 남들과 똑같이 찍어내야만 직성이 풀리는 걸까요?

그렇다면 20년 전, 10년 전, 5년 전 당신이 그토록 신경 썼던 '주변 사람들' 중 지금 몇 명이나 연락하고 지내나요? 그들 중 지금까지 당신 인생에서 중요한 존재는 몇 명입니까? 지나고 나면 부질없는 인연들에게 잘 보이려 애쓰고 그들과 자신을 끊임없이 비교하는 것은 마치 머릿속에 '남들'이라는 실체 없는 유령을 만들어 놓고 그들의 존재에 끌려다니는 것과 같아요.

이 지구에 존재하는 70억 인구는 다들 너무나 다른 환경에서 자라온, 다른 꿈을 가지고 다른 삶을 살아가는 완전히 다른 사람들입니다. 모든 비교의 기본은 동일 조건인데 군이 비교를 하려면 나와 동일한 조건 하에 동일한 삶을 살아온 사람과 비교해야 하지 않을까요? 그러면 딱 한 사람이 남겠네요. 바로 '과거의 나'.

이제 유령들 말고 과거의 나를 떠올려 보세요. 예전에 비해 훨씬 더 많은 경험을 했고 더 성숙하고 지혜로워지지 않았나요? 당신은 지금까지 최선을 다해 잘 살아왔습니다. 지금 그 모습 그대로 충분하고 아름다워요. 그만하면 건강하고 그만하면 행복하잖아요. 일상에서 조금씩의 힘듦은 누구나 있는 거고요. 그러면 어떻게 해야 타인을 의식하지 않고 살아갈 수 있을까요?

첫째, 나 자신과 대화를 나누세요. 어떻게 살고 싶어? 네가 진짜 원하는 게 뭐야? 이 상황에서 난 무엇을 할 수 있을까? 지금 행복하니? 이렇게 끊임없이 묻고 마음에서 우러나오는 답변에 귀기울이세요. 그리고 행동하세요. 조금 실수하고 실패해도 괜찮습니다. 남들이 아닌 나 자신만 괜찮으면 돼요. 스스로에게 확신을 가지세요. 나를, 내 인생을 더 채우세요.

둘째, 만나는 사람들을 바꾸세요. 창업을 하고 싶은데 주변에
선 다들 공무원 시험에만 목을 매는 분위기라면 나만 이상한 사람처
럼 여겨지겠지요. 그러면 다른 창업준비생이나 성공한 창업가들을
찾아다니며 그들과 친하게 지내세요. 주어진 인맥이 아닌 자신이 원
하는 부류의 사람들과 어울리며 긍정적인 자극을 받을 수 있으니까
요. 저 역시 스물다섯 살에 '한국 사람들은 보수적이고 꽉 막혀 있다'
는 생각으로 한국을 떠났지만 나중에 알고 보니 성급한 일반화의 오
류였습니다. 전세계 어디에나 꽉 막힌 사람도, 자유로운 사람도 있
더군요. 자신의 삶을 창조하는 사람들과 어울리며 영감을 주고받는
것이 중요하다는 것을 잊지 마세요.

마지막으로, 정말 중요한 사람에게 에너지를 집중하세요. 당신
을 정말 소중하게 여기는 사람이라면 당신이 어떠한 선택을 하든,
어떤 실수나 실패를 하더라도 지지하고 응원해줄 겁니다. 마찬가지
로 당신 역시 그들이 무슨 선택을 하든 응원해줄 겁니다.

당신은 누구를 위해 살겠습니까? 남들입니까, 자신입니까? 당

신이 그토록 걱정하는 '남들'은 자기 인생 살기 바빠서 남들에 별 관심 없습니다. 그러니 실체 없는 유령보다는 나 자신에게 인정 받는 사람이 되세요. 그러면 '타인의 시선'이라는 허상으로부터 자유로워질 수 있습니다.

5년 전과 비교했을 때 나와 내 삶은 어떻게 달라졌나요? 5년 전 내가 가장 신경 썼던 사람은 누구이고, 걱정했던 문제는 무엇이었나요? 그 사람과의 관계와 그 문제는 어떻게 되었나요? 지난 5년 간 내가 이루어낸 것들을 적어보세요.

원하는 게 있으면
적극적으로 알리세요

여러분은 지금 무엇이 가장 필요한가요? 생일에 받고 싶은 선물이 있나요? 혹시 휴대폰이나 얇은 노트북 필요한가요? 있으면 좋겠다고요? 아, 아쉽네요. 얼마 전까지만 해도 저한테 있었는데 그것들이 간절히 필요하다고 제일 먼저 말한 친구에게 줘버렸네요.

그러니까 저에게는 안 쓰는 노트북과 휴대폰이 있었습니다. 이걸 중고시장에 팔아야 하나, 누구 필요한 사람이 있으면 줄까 생각만 하다가 귀찮아서 내버려두고 있었어요. 그러다 우연히 제가 후원하는 한 지역 아동센터의 초등학생이 SNS에 "휴대폰 안 쓰는 거

있으시면 저 좀 주세요."라고 쓴 글을 보게 되었죠. 그 학생에게 집에 컴퓨터가 있냐고 묻자 없다고 하더군요. 그래서 휴대폰과 노트북을 둘 다 주었습니다. 선물을 끌어안은 그 아이는 한없이 행복해하더군요.

생각해보니 세계일주를 앞두고 캠코더가 필요하다고 올린 친구에게 제 캠코더를 준 기억도 있고, 스쿠버 다이빙하러 가는데 아웃도어 카메라가 필요하다는 친구에게 안 쓰는 아웃도어 카메라를 준적도 있네요. 더 생각해보니 저희 회사 직원도 제가 먼저 채용공고를 내서 뽑은 적이 거의 없고 '기회가 된다면 함께 일하고 싶습니다!' 하면서 먼저 다가왔던 친구들 위주로 채용했어요. 자, 이제 제가 무엇을 말하려는지 눈치채셨죠? 무엇이 되었든 세상은 적극적으로 구하는 사람에게 먼저 기회를 준다는 사실.

제가 전세계 곳곳에서 꿈을 이룬 경험을 돌이켜보면 가만히 있는데 누군가 먼저 다가와서 제 꿈을 이루어준 적은 한 번도 없었어요. 일례로 인도 영화 출연에 도전하기 위해 뭄바이 도착 몇 주 전부터 카우치서핑(전세계 여행자와 현지인을 연결해주는 커뮤니티) 웹사이트를 통해 영화 관련 키워드로 검색된 백여 명에게 메시지를 보냈습니다. 그 중 10명 정도로부터 답장을 받았고, 뭄바이에 도착하자마자 그들을 만났습니다. 그들이 도움을 주지 못하면 다른 사람을 소개시켜 달라고 부탁했고, 현지에서 만나는 사람들마다 부탁하고 다녔죠. 그렇게 소개에 소개를 거듭해 인도의 전설적인 감독 야쉬 초프라(Yash Raj Chopra) 감독님과 일하는 캐스팅 감독을 소개 받아 그녀를 설득한 끝에 영화에 출연할 수 있었습니다.

물론 저도 처음부터 그렇게까지 적극적인 사람은 아니었지만 생각을 바꾸게 된 계기가 있습니다. 숫자를 다루는 일이 적성에 맞지 않아 금융회사를 그만둔 전력이 있는 저는 영국에 있는 로열더치쉘(Royal Dutch-Shell Group) 입사 후 재무팀으로 배정 받고 하루하루가 괴로웠습니다. 하지만 이번에는 도망가는 대신 다른 방법을 선택했습니다. 제가 일하고 싶은 마케팅 부서로 가기 위해서 회사의 온갖 네트워킹 행사가 있을 때마다 참석해 만나는 사람마다 이렇게 말했습니다. "저는 마케팅 업무를 하고 싶어요!" 그리고 몇 달 후 마케팅 부서에서 사람을 뽑게 되자 모든 사람이 이렇게 말했다고 합니다. "김수영이라는 친구가 마케팅하고 싶다던 데요?" 여러 사람에게 이 말을 들은 담당자는 저에게 첫 번째 인터뷰 기회를 주었고 덕분에 저는 마케팅 부서로 옮길 수 있었습니다.

그때 깨달았습니다. 당신이 그토록 원하는 무언가, 또는 기회는 의외로 가까운 곳에 있고, 세상은 그것을 가장 간절히 원하는 사람에게 준다는 사실을. 입장을 바꿔서 콘서트 티켓이 있는데 사정으

당신이 아무리 마음속으로
간절히 무언가를 원한다고 해도
누군가가 독심술을 부려
"네가 원하는 게 이거지? 여기 있어. 짠!"
하고 가져다주는 경우는 없어요.
그러니 원하는 것들을
사람들에게 적극적으로 알려야 합니다.

로 갈 수 없게 되었다면 누구에게 그 티켓을 줄까요? 아마도 그 가수의 열렬한 팬이 1순위일 겁니다. 그 가수를 좋아하지도 않는 친구에게 줘봐야 별로 고마워하지도 않을 테니까요. 그런 이유로 가장 원하는 사람에게 기회가 돌아갈 확률이 높아집니다.

그런데 세상은 당신에게 별로 관심이 없습니다. 당신이 아무리 마음속으로 간절히 무언가를 원한다고 해도 누군가가 독심술을 부려 "네가 원하는 게 이거지? 여기 있어. 짠!" 하고 가져다주는 경우는 없어요. 즉, 당신이 아무 말도 하지 않고 있으면 당신이 뭘 원하는지 아무도 모르고, 아무도 기회를 주지 않을 거라는 이야기입니다. 그러니 간절히 원하는 것들을 사람들에게 적극적으로 알려야 합니다. 적어도 기회가 다른 사람보다 한 번은 더 주어질 테니까요. 설령 기회가 오지 않더라도 딱히 잃을 것도 없지 않나요?

하고 싶은 것, 갖고 싶은 것, 되고 싶은 것 중 하나를 골라 지금 당장 SNS에 적어보세요. 그리고 무슨 일이 생기는지 한번 지켜보세요

▶
○
◆

고리사채보다 무서운
엄빠펀드를 아시나요?

"유학 가고 싶은데 가정 형편이 좋지 않아요"
"부모님 돈으로 공무원 시험 준비한 지 3년이 되었어요"
"스펙 쌓기 바쁜데 알바할 시간이 어디 있어요?"

하고 싶은 게 있는데 집안 형편이 어렵다, 돈이 없는데 어떻게
하면 좋겠냐는 질문을 종종 받습니다. "돈이 없으면 돈을 버세요!"
라고 대답을 해줘도 부모님의 도움 없이는 아무것도 할 수 없다고
생각하는 대학생들과 취업준비생들도 종종 만납니다.

우리가 세상에 태어난 것은 본인의 의지가 아니었기 때문에 부모가 우리를 스무 살까지 키워주는 것은 당연합니다. 하지만 우리가 성인이 되고 나면 가장 중요한 것은 경제적, 정신적 '독립'이지요. 그런데 요즘은 취업준비나 결혼할 때 부모님의 도움을 받는 걸 당연시하고 받지 못할 때 박탈감을 느끼는 경우가 많습니다. 하지만 세상에는 공짜가 없는 법. 우리가 쉽게 써온 MF펀드(Mother & Father Fund), 즉 '엄빠펀드'가 고리사채보다 더 무섭다는 거 알고 계세요?

첫째, 내 인생을 저당잡힙니다. 인정하고 싶지 않겠지만 자본주의 사회에서 돈은 권력입니다. 돈을 받는 사람은 돈을 주는 사람의 말을 들을 수밖에 없죠. 우리가 직장상사를 인격적으로 존경하기 때문이 아니라 회사가 우리에게 월급을 주기 때문에 그들의 지시를 받는 것처럼요. 마찬가지로 자식에게 돈을 주는 부모는 자식의 인생에 대해 정당한 지분행사를 하고 싶어 합니다. 당연한 일이지요. 입장 바꿔서 내가 평생 모은 돈으로 어떤 회사에 투자하게 된다면 그 회사가 잘하고 있는지, 엉뚱한 곳에 돈을 쓰지는 않는지 자꾸 간섭하게 될 테니까요. 부모에게 돈을 받으면서 잔소리는 듣기 싫다는 것은 궤변입니다.

물주인 부모들은 자신의 경험을 바탕으로 자식이 성공할 수 있다고 생각되는 투자에만 돈을 씁니다. 예를 들어 '좋은 대학=성공'의 공식이 통했던 부모 세대들의 경우에는 자녀교육에 많은 돈을 쏟지만 자식이 엉뚱한 짓을 하면 반대하고 지원을 끊어버립니다. 사실 그 '엉뚱한 짓'이 훨씬 더 큰 성공과 행복을 가져다줄 수도 있다는 간절함을 입증할 수 없다면 꿈을 접어야 합니다.

둘째, 부모의 노후가 저당잡힙니다. 부모님이 평생 먹고살 수 있는 재산을 축적했다면 모르지만 노후 준비가 제대로 되지 않았다면 내 방황의 비용을 부모님의 노후자금으로 충당한 대가는 나중에 부양의 책임으로 돌아옵니다. 즉 내가 유학을 가서 쓴 부모님 돈 1억이 나중에 30년간 매달 100만 원으로 나갈 수도 있다는 것입니다. 복지정책이 놀랍도록 개선되어 노인부양을 걱정하지 않는 시대가 곧 온다면 좋겠지만 그것만 기다리고 있을 수는 없으니 미리 계산을 해보세요. 물론 내가 부모님 생활비 쯤은 기꺼이 낼 수 있는 고소득자나 자산가가 된다면 문제가 없겠지만요.

셋째, 가족 관계가 저당잡힙니다. 형제가 여러 명 있으면 유난히 돈이 많이 드는 자식이 있습니다. 예체능에 특별히 재능을 보이거나 아픈 아이에게는 아무래도 경제적, 시간적 자원을 더 쏟게 되니까요. 심각한 질병으로 병원비가 계속 들어가거나 일을 할 수 없다면 어쩔 수 없죠. 하지만 스무 살이 넘어서 '나 이거 할거야! 돈 내놔!' 하며 막무가내로 돈을 요구하는 자식에게 마음 약한 부모가 퍼주게 된다면 다른 형제 입장에서는 억울함과 박탈감을 느낄 수밖에 없습니다. 부모를 붙잡고 징징대며 우는 소리만 하면 돈이 나오는데 뭐 하러 열심히 살겠어요?

요즘은 많이 나아졌지만 예전에 아들은 공부시키고 결혼할 때 집도 사주면서 딸은 아무것도 해주지 않다가 정작 늙고 병들면 딸에게 수발을 바라는 경우가 많았습니다. 이러한 편애와 차별은 자식들에게 상처를 주고 형제들 사이를 멀어지게 만드는 어리석은 선택이지요. 제일 좋은 것은 자식이 스무 살이 되었을 때 똑같이 독립시키고 부모 스스로 노후 준비를 철저히 해서 자식들에게 손 벌리지 않는 것입니다. 여유가 있다면 똑같이 n분의 1로 사후에 상속을 하거나 기부하는 것이 자식들에게 줄 수 있는 최선의 선물이겠지요.

위의 모든 사례는 부모 뿐 아니라 배우자의 경우도 해당됩니다. 경제적 능력이 없어 이혼하지 못하고 불행한 결혼생활을 이어가는 사람들을 우리는 주변에서 많이 봅니다. 경제적 독립 없이는 한 인간으로서 존엄성을 지키기 어렵습니다. 스무 살이 넘었다면 내 앞가림은 내가 해야 합니다. 무엇을 하든 내 돈으로 하세요. 그래야 뭘 해도 당당할 수 있습니다.

마음열쇠

아직 경제적으로 독립하지 못했다면 그 이유가 뭘까요? 독립하려면 한 달에 얼마가 필요하고 그만큼의 돈을 벌려면 무엇을 해야 할까요? 언제 쯤 독립할 수 있을까요? 준비가 되었다면 SNS에 독립선언문(!)을 공개하 는 것은 어떨까요? 그리고 독립할 때 그동안 부모님께서 베풀어주신 은 혜에 감사하는 것도 잊지 마세요.

어쩔 수 없이 버텨야 한다면
게임을 한다고 생각해보세요

저희 동네에는 파리만 날리는 삼겹살집이 있습니다. 지금의 동네로
이사 온 날 첫 외식을 했던 식당이라 관심을 가지고 지켜보았는데
손님이 아예 없거나 한 두 테이블만 있는 경우가 대부분이었습니다.
심지어 근처에 3층짜리 고깃집이 생기면서 손님은 더욱 줄었습니
다. 임대료도 적지 않을 텐데 안타깝더군요. 그래서 저희 집에 손님
들이 왔던 날, '장사가 잘 되는 집을 가야 고기가 신선하다'는 손님들
을 겨우 설득해서 그 삼겹살집에 데리고 갔습니다.

그런데 서빙하는 여직원의 불친절한 태도가 계속 신경 쓰였습

니다. 불러도 대답이 없고 반찬을 더 달라는 말에 뚱한 표정으로 짜증스러워 하는 그녀를 보자 일행들은 '이러니까 손님이 없지' 하면서 제게 원망의 눈길을 보냈습니다. 자세히 보니 주방에서 일하는 분이 어머니이고, 서빙하는 사람이 딸이었습니다. 제 나이 또래인 딸의 얼굴에는 '도대체 내가 왜 이 일을 해야 하지? 언제까지 이렇게 살아야 하지?'라는 불만과 좌절이 가득 했습니다. 추측컨대 계약 기간이 남아 있어 폐업할 수 없었던 어머니는 인건비를 아끼려고 딸에게 도움을 요청했을 겁니다. 딸은 어쩔 수 없이 이를 받아들였지만 그녀가 온몸으로 뿜어내는 부정적인 에너지 때문에 한 번 왔던 손님이 더 이상 오지 않아 장사는 더 바닥을 치는 악순환이 계속 되는 것으로 보였습니다.

살다보면 이러지도 저러지도 못하고 어쩔 수 없이 하기 싫은 일을 해야 할 때도 있습니다. 나의 선택이나 의지와 달리 강제적으로 주어진 상황이라면 더더욱 좌절할 겁니다. 보증을 잘못 섰다가 그 빚을 대신 갚기도 하고 아픈 가족의 간병을 해야 하기도 합니다. 꼭 그렇게 극단적인 상황이 아니더라도 하루하루 직장을 나가거나 집에서 아이를 보는 것 또한 쉬운 일이 아닙니다. 그렇게 힘겹게 일상을 버티며 살고 있다면 3가지를 고려해보세요.

첫째, 기한을 정하는 것입니다. 지금 당장은 어쩔 수 없지만 무슨 일이 있어도 언제부터는 이 일에서 손을 떼고 내가 하고 싶은 일을 하겠다고 사람들과 나 자신에게 선언하는 것입니다. 고시공부를 한다면 '최대 3년만 도전하고 포기한다'는 기준을 세우는 것처럼요. 이걸 언제까지 해야 할지 모른다는 막연함이 사람을 더 지치게 만드니까요. 이때 중요한 것은 약속한 기한이 끝나면 무엇을 할지, 어떻게 살지를 충분히 상상하고 준비하는 것입니다. 예를 들어 제 강연에 오신 한 어머니는 "저도 수영 씨처럼 전세계를 누비며 살고 싶은데 초등학생 아이가 둘 있어서 집에만 갇혀 있어요."라고 말하시길래 "10년 후에 제가 아이들 보느라 정신없을 때 어머님은 전세계를 돌아다니면서 재밌게 사실 거예요. 그러니까 그때 뭐할지 지금부터 충분히 준비해두세요."라고 말씀드렸습니다. 고3이라면 '수능 후 버킷리스트'를 만들고 가벼운 마음으로 공부에 집중해보세요.

둘째, 매일 게임을 하고 있다고 생각하며 역할 플레이를 하는 것입니다. 서비스업이라면 "오늘은 왕 게임을 해볼까?" 하고 생각하며 중세시절의 왕궁에 와 있다고 상상하며 손님을 왕처럼 대해봅니다. 엑셀 프로그램을 하루 종일 돌려야 한다면 엑셀을 게임이라 생각하며 살짝 무리하게 마감일을 정해놓고 주어진 시간 내에 일을 처리해보는 거죠. 그때그때 상황에 맞는 영화나 드라마, 만화 속 캐릭터라면 어떻게 할지 상상해보는 것도 재밌겠지요.

게임도 다른 이들과 같이 해야 재미있듯 평범하고 일상적인 일도 누군가와 소통하고 함께 나누면 즐거울 수 있습니다. 예를 들어 마늘장아찌를 담근다면 〈1시간 만에 만드는 마늘장아찌!〉라는 제목으로 블로그에 공유해 다른 이들과 그 과정을 소통을 하거나 선착순 3명에게 마늘 장아찌 나눠 줌!' 같은 글을 SNS에 올려 본다면 이를 계기로 반가운 지인들을 만날 수도 있을 겁니다.

셋째는 일상 속에서 소소한 모험과 도전을 하는 것입니다. 늘 내리는 역보다 한 정거장 앞에 내려서 조금 걸으며 낯선 동네를 발견한다거나 꽃 한 송이를 나 자신에게 선물한다거나 출퇴근길에 팟캐스트를 듣는 등 새로운 경험을 일상에 선사하세요. 매일 스쾃을 한 개씩 늘리는 것처럼 운동이나 취미생활을 조금씩 발전시키며 자신감을 늘리는 것도 좋습니다. 그런 삶의 활력이 우리를 지탱해주니까요.

리듬댄스 세계에서 신화적인 존재로 알려진 어느 커플의 직업은 구두닦이입니다. 똑바로 서 있기도 힘든 한 평 남짓한 작고 낮은 공간에서 부부가 쪼그려 앉아 하루 종일 구두를 닦고 수선하지만 무대에서 만큼은 영혼을 뿜어내며 열정을 불사릅니다. 춤을 통해 얻는 활력이 워낙 커서 구두도 열정적으로 닦으시지 않을까요? 어쩔 수 없이 답답하고 재미없는 일들을 해야 한다고 우리 안의 열정과 끼를 죽이지 말고 그 녀석들을 최대한 끌어내서 우리의 일상을 조금씩 바꿔 보세요.

마음열쇠

당신이 가장 하기 싫어하는, 하지만 어쩔 수 없이 하고 있는 일은 무엇인가요? 그 일에 어떤 재미를 붙여줄 수 있을까요?

내 마음의 주인되기

두 번째 방은

'내 마음의 주인되기'입니다.

이곳에선 하루에도 몇 번씩 오르내리락하는

자존감과 타인의 시선에 일희일비하는

내 것 같지 않은 내 마음을 오롯이 내 것으로 되돌리지요.

평생에 걸쳐 쌓아온 감정의 독소들을 해독하고

잊고 있었던 기억을 되돌리므로

약간의 통증을 수반할 수 있습니다.

하지만 내 마음을 원활하게 순환시키기 위한 과정이므로

통증이 지나간 후 개운하고 편안한 느낌이 드실 거예요.

내 존재의 이유는
내가 결정하는 것입니다

어느 추운 겨울날 광주의 한 보건소에서 여자 아이가 태어났습니다. "또 딸을 낳다니…" 탯줄을 자르기도 전에 어머니의 통곡이 시작되었습니다. 몸이 채 풀리기도 전에 시어머니의 모진 구박이 시작되었고, 어머니의 마음은 억울함과 분노로 채워졌습니다.

그런 어머니 밑에서 자란 딸은 유난히 고집이 셌습니다. 10대 때는 치열하게 반항을 하고, 20대에는 치열하게 살면서 가족을 가난에서 끌어냈고, 30대에는 전세계 곳곳에서 꿈을 하나하나 이루며 살아왔습니다. 눈치채셨겠지만 바로 저 김수영의 이야기입니다.

그렇게 저는 많은 것을 이뤘고 많은 사람들에게 과분한 사랑을 받았지만 정작 한 사람에게 사랑받지 못하자 한순간에 무너졌습니다. 아픔을 견디다 못해 모든 것을 접고 13개월 간 세계의 절반을 헤매며 사랑을 찾아다녔지요. 그 여정에서 만난 사람은 바로 나 자신이었습니다.

페루에서 우연히 '영혼의 씻김굿'을 받으며 최면상태에 빠진 저는 무의식의 세계를 떠돌다가 저를 낳고 통곡하는 어머니, 자신의 슬픔에 빠져서 저를 사랑해줄 마음의 여유가 없었던 어머니를 보게 되었습니다. 갓난아기였던 저는 억울했습니다.

'왜 아무도 나를 환영해주지 않지? 왜 나 때문에 엄마가 고통받아야 하지?'

그리고 알게 되었습니다. 태어났을 때부터 환영받지 못했기에 끊임없이 존재의 이유를 증명해야 했던 나라는 그 아이. 누구보다 독하게 반항하고 누구보다 치열하게 살아온, 강해보이는 내 속에 숨어 있던, 사랑받고 싶었던 또 하나의 아이.

환영받지 못한 경험은 무의식에 깊게 각인됩니다. 저 뿐만 아니라 지금의 30대 이상 여성들은 딸이라는 이유 하나만으로 차별당하거나 존재를 부정당한 경험이 있을 겁니다. 또는 다른 이유로 '너 같은 건 태어나지 말았어야 했는데…' '내가 너를 낳고 미역국을 먹었다니…'와 같은 말을 들으면 존재감이 훼손됩니다. 이는 공부를 못한다고 혼나는 것과는 차원이 다른 수준의 상처를 남깁니다. 부부싸움이 잦은 엄마가 아이에게 "내가 너 땜에 이러고 산다!"와 같은 말을 하는 것 또한 아이에게는 굉장히 큰 상처가 됩니다. 이런 말들을 들으면 '내가 태어나지 말았어야 했나' 하는 생각도 드니까요.

그렇게 존재감을 훼손당한 사람들의 가슴에는 억울함, 분노, 슬픔과 같은 핵심감정과 트라우마가 남겨져 있습니다. 그래서 취업에 실패하거나 시험에 떨어졌을 때, 혹은 사랑하는 사람이 이별을 선언했을 때 마치 나라는 존재 자체가 세상으로부터 거부당한 느낌에 견디지 못할 정도로 힘들어져요. 단지 나와 그 직장, 그 시험 또는 그 사람이 맞지 않는 것뿐인데 말이죠.

저는 오랜 정신분석 상담과 치유, 명상과 수행의 과정을 거치고 나서 스스로에게 선언했습니다. '나는 그 어떤 대단한 일을 하지 않아도, 숨만 쉬고 있어도 사랑받을 자격이 있는 사람'이라고. 내 존재의 이유는 내가 결정하는 것이지 타인이 결정하는 게 아니니까요. 누구 한 사람이 나를 원했던 원하지 않던 온 우주가 날 필요로 했기 때문에 내가 이곳에 온 것입니다.

그렇게 애써 생각해도, 상처받은 마음은 어떡하냐고요? 우선

나는 그 어떤 대단한 일을 하지 않아도,
숨만 쉬고 있어도 사랑받을 자격이 있는 사람입니다.
누구 한 사람이 나를 원했던 원하지 않던
온 우주가 날 필요로 했기 때문에
내가 이곳에 온 것입니다.

충분한 시간을 거쳐 토닥토닥해줄 필요가 있습니다. '니가 그래서 그렇게 아팠구나' 하고 그 아픔 자체를 받아들여주는 것이지요. 그 다음에 기억의 재해석이 필요합니다. 뇌는 진짜와 가짜를 구분하지 못합니다. 실제 사실이 아닌 자신의 관점으로 왜곡된 기억만 남기 때문에 똑같은 사건에 대해서도 내가 재해석을 하면 됩니다.

저는 전문가의 도움을 받아 반최면 상태에서 제가 태어난 순간의 기억을 바꿨습니다. 모두에게 축복을 받으며 태어났다고 기억을 재구성하고 이를 3주 동안 집중적으로 세뇌시켰습니다. 그러자 제 무의식의 핵심감정이었던 '억울함'이 줄어들었고 마음이 한결 가벼워졌습니다. 이제부터는 내가 나를 축복하며 살아가면 되는 거예요.

마음열쇠

핵심감정이란 한 사람의 행동과 사고, 정서를 지배하는 중심 감정입니다. 이 감정은 주로 어린 시절 (또는 어머니 뱃속에서부터) 내게 정서적 영향을 많이 준 사람에게 사랑받고 인정받고 싶은 욕구가 좌절되었을 때 형성되지요. 이 감정은 우리의 무의식의 밑바닥에 있으면서 우리의 삶을 만들어 나가는 한편 우리를 힘들게 만들기도 합니다.

핵심감정을 녹이기 위해서는 어린 시절의 무력한 자신을 보듬어주고 달래주는 과정이 필요합니다. 이를 위해서는 정신분석 상담을 받거나 명상이나 묵언수행을 하거나 각종 내면치유 프로그램에 참여할 수도 있습니다. 또는 좋은 연인이나 배우자를 만나 충분히 사랑하고 사랑받는 경험도 도움이 됩니다. 그리하여 어느 정도 감정이 누그러지면 그때의 기억을 내가 원하는 스토리로 다시 써내려간 후 이를 머리에 세뇌시켜보세요.

▶
○
◆

내 마음속
그 어린 아이를 품어주세요

우리 모두의 마음속에는 어린 아이가 있습니다. 평소에는 그 아이의 존재에 대해 인식하지 못하다가 사랑과 이별, 결혼과 이혼, 성공과 실패와 같은 삶의 큰 전환점에서 그 아이를 맞닥뜨리는 경우가 많지요.

저의 경우는 서른이 넘어 어느 정도 먹고살 만해졌을 때 그 아이를 만났어요. 그동안 여전사처럼 앞만 보고 살아왔는데 갑자기 그 어린 아이가 튀어나와서 사랑을 요구했어요. 날 더 사랑해달라고 상대에게 징징대는 내 모습이 당혹스러웠습니다. 상대가 내 기대를 채

위주지 않자 화가 나서 견딜 수가 없었고 어린 아이처럼 소리 지르는 제 자신을 보며 저는 너무 큰 충격을 받았습니다. 내가 아는 나는 합리적이고 성숙한 어른이라고 생각했는데 제 자신을 도무지 이해할 수 없었죠. 자기 연민에 빠진 엄마의 애정을 갈구하던 한 살의 어린 내가 아직까지 내 마음속에 있다는 사실을 받아들이기까지 오랜 시간이 걸렸습니다.

몇 년 전에도 제가 친언니처럼 여기며 친밀감을 나눠온 거래처의 담당자가 바뀌고 새로 온 담당자가 사무적인 태도로 저를 대하자 화가 났습니다. 충분히 그럴 수 있는 상황이었지만 "내가 이 회사를 위해서 얼마나 많은 걸 해줬는데 어떻게 나를 이렇게 대할 수 있지?" 하는 마음에 그 담당자를 몰아붙이기도 했습니다. 오랜 시간 고민하고 상담을 받으며 깨달은 것은, 저라는 사람은 누군가를 '가족'처럼 생각하면 무조건 퍼주는 스타일인데 상대방이 이에 감사하지 않으면 화가 난다는 사실이었습니다. 그리고 그 이유는 저의 '진짜 가족'을 위해 오랜 세월 희생해왔지만 이에 대해 인정받지 못했기 때문이었죠. 사실 새 담당자는 그냥 본인의 할 일을 했을 뿐인데 저의 해묵은 감정을 그녀에게 투사했던 겁니다.

본질을 직시한 저는 가족과의 관계를 수정해야겠다는 생각이

들었습니다. 그래서 그때까지 제가 전액 부담했던 부모님 생활비를 형제들에게 같이 분담하자고 제안했습니다. "내가 엄마아빠 생활비 책임질게!"라는 말은 가벼운 마음으로 할 수 있었는데, 이 얘기를 꺼내기가 어찌나 힘들었는지 몇 달 간 상담을 받고서야 용기를 낼 수 있었습니다. 오랜 시간 우리 가족의 무의식에 제가 사실상 가장으로 각인 되었기에 쉽게 받아들이기 힘든 변화였거든요. 하지만 그렇게 해서 내 마음속 또 다른 아이를 자유롭게 해줄 수 있었습니다.

'내면아이'의 존재를 아직 만난 적이 없다면 어떤 상황에서, 또는 어떤 말을 들었을 때 마음이 불편하긴 한데 그 이유를 알 수가 없습니다. 그래서 '저 사람 때문이야!' 하고 상대를 원망하거나 또는 '난 왜 이렇게 못났지'라며 자책하게 됩니다. 정확히 어느 지점이 문제인지 알아야 치료를 하는데 엉뚱한 지점을 붙들고 있기도 합니다. 마치 관절이 상했는데 감기약을 먹는 것처럼요.

그때 중요한 것은 '알아차림'입니다. 내 마음속 거대한 서고를 찾아내야 하죠. 수십여 년 간 청소하지 않아서 먼지가 켜켜이 쌓인 거대한 서고의 서랍을 열면 수많은 과거의 감정과 기억들이 튀어나오죠. 어떤 기억들은 곰팡이가 슬고 썩어 문드러져서 어디서부터 건드려야 할지 모르겠고, 또 어떤 감정들은 바짝 메말라 있어 순식간에 불이 붙습니다.

이 작업은 참 힘들어요. 우리가 해독을 할 때 명현반응이라는 게 있어서 몸속에 쌓인 독소들이 장기에서 빠져나와 피 속에 돌아다니는데, 평소의 10배 정도 된다고 해요. 그럼 몸 상태가 단기간에 급격히 안 좋아지지만 그 독소들이 소변이나 대변을 통해 배출되고 나면 몸속이 깨끗해집니다.

감정에도 명현현상이 있어서 과거의 기억을 끄집어내고, 애써 외면해온 나의 어둠을 마주 한다는 것은 참 아파요. 슬프고 화나고 억울하고 수치스럽기도 하죠. 서랍 속에 처박아둔 열두 살의 내 분노를, 다섯 살의 내 두려움을, 세 살의 외로움을 꺼내 먼지를 털어주고, 맑은 물에 씻어주고, 태양에 깨끗하게 말려 제 자리에 넣는 과정을 수도 없이 되풀이해야 할지 몰라요. 이렇게 과거의 기억들을 헤집어서 과거의 나를 만나고 인지하게 되면 나라는 사람을 좀더 이해할 수 있게 됩니다. '내가 그 경험 때문에 이런 부분에 있어 이렇게 반응하는구나' 그렇게 알아차리는 것만으로도 엄청난 발전이지요. 그렇게 내 감정들을 꺼내서 제대로 다뤄주고 토닥여주면 나는 가벼워져요.

이 작업은 한 번에 끝나는 게 아니라 오랜 시간이 걸립니다. 명현현상 역시 한 번만 겪는 건 아니라 여러 번 겪어야 할지 몰라요. 하지만 조심해서 다루다 보면 고통의 정도가 점점 약해질 것이고 그렇게 응어리진 감정을 해체해서 하나씩 하나씩 내보내고 나면 마음속 그 아이들도 하나둘씩 성장할 수 있겠지요. 그러면 과거의 아픈 기억들마저도 웃으면서 이야기할 수 있게 됩니다. 당신이 치유되었다는 증거입니다.

마음열쇠

저의 내면아이 치유를 마치고 작사한 노래가 있습니다. 눈을 감고 들어보세요. 그리고 후렴부분의 가사 '아껴주지 못해 미안해 / 살아줘서 고마워 / 널 사랑해 / 나의 이쁜 아이야'를 자기 자신에게 속삭여주세요. 그리고 내 마음이 어떻게 반응하는지 잘 지켜보세요.

지금이라도
그때의 내 편이 되어주세요

EBS 〈다큐 리얼극장〉이라는 프로그램이 있습니다. 연예인이 자신의 가족, 대개는 부모 중 한 명과 함께 여행을 떠나는 것입니다. 겉보기에는 화려하고 우리와는 다른 세상을 살 것 같은 연예인들도 부모 앞에서는 어린 아이가 되어 그동안 차마 하지 못했던 깊은 속 얘기를 꺼냅니다. 그때 너무 힘들었다고, 화났다고, 두려웠다고, 위로받고 싶었는데 곁에 아무도 없었다고…. '엄마' 또는 '아빠'라는 존재 앞에 선 그들은 수십 년간 가슴에 쌓인 한을 풀어냅니다. 아무리 다큐라지만 카메라 앞에서 아름다운 모습만 보이고 싶을 법한데 그간의 서러움이 터져나와 엉엉 울고 소리를 지르기도 합니다.

　그런데 더 놀라운 것은 부모님의 반응입니다. 그렇게 울먹이는 자식들에게 "나는 네가 워낙 씩씩하니까 괜찮은 줄 알았지." 하면서 회피하거나 자신도 어쩔 수 없었다고만 할 뿐 '내가 미안했다'라는 말은 좀처럼 나오지 않았습니다. 내레이션은 자식에 대한 사랑을 표현하지 못하는 부모의 모습을 강조하며 훈훈하게 마무리하려 하지만 대부분 진정한 화해가 이루어지지 못하고 끝나지요. 특히 자기 문제에만 빠져 아이를 돌보지 못했던 부모와 그 부모에게 사랑받지 못해 상처 입은 자식을 보며 마음 아팠습니다. 본인들 또한 충분히 사랑과 공감을 받아 본 기억이 없었기 때문에 자식이 얼마나 상처받았는지 헤아리지 못하는 게 아닐까요.

　저의 경우 부모님과 함께 살았던 20년의 불구덩이 같았던 세월의 상처는 책과 강연, 방송을 통해 실컷 털어내고 상당히 치유가 되었습니다. 그런데 대학 시절 언니, 여동생과 함께 살았던 2년의 시간이 아직까지도 제 가슴에 상처로 남아 있다는 걸 최근에 알게 되었습니다. 성인이라고 하지만 겨우 20대 초반이었는데 각자 삶의 무게에 짓눌려 힘들어하던 언니, 여동생과 함께 사는 것은 마치 서로를 늪 속으로 끌고 들어가는 것 같았어요. 엄마에게 독립하고 싶다고 하소연하면 "형제니까 서로 돕고 살아야지." 라는 원론적인 답변만 돌아올 뿐, 저는 혼자서 모든 책임을 떠안아야 하는 이 상황이 억울하고 부당하다고 생각했습니다.

나중에 어설프게 그 이야기를 꺼냈지만 동생은 본인도 상처받았고 제가 미웠다고 하더군요. 엄마도 왜 지나간 일을 들먹이냐며, 지금 잘 살고 있으니 된 거 아니냐고 오히려 저를 타박하셨습니다. '그래, 그들도 나만큼이나 힘들었겠지' 하며 머리로는 애써 이해했지만 위로받지 못한 제 마음의 상처는 치유되지 않았고 1년에 한 번씩 덧났습니다. 결국 그 상처를 치유할 사람은 나 자신 밖에 없다는 생각에 저는 당시에 살던 그 집을 찾아갔습니다.

빛바랜 빨간 벽돌 건물에 지상에 작은 창문을 걸친 반지하 집 앞을 한 바퀴 돌다가 현관문에 손을 대고 눈을 감았습니다. 마치 영화 〈인터스텔라〉의 한 장면처럼, 14년 전 반지하 집 안에 있던 내 모습이 보이는 것만 같았습니다. 아직 어렸고 측은했던 내 모습.

"수영아, 많이 힘들지? 아무리 성인이라지만 아직 보살핌 받고 싶은 어린 학생인데, 네 앞가림할 틈도 없이 가족들 챙겨야 하고… 억울하고 속상하지? 남들처럼 실컷 놀고 싶은데 힘들게 일해서 동생 챙기고 부모님께 돈 드려봤자 고맙다는 말은커녕 당연하게 여기니 얼마나 억울하니. 남들은 몰라도 나는 그 맘 다 알아."

14년 전의 나를 품어주고 위로해주었더니 웬지 집 안에 있는 23살의 내 표정이 훨씬 더 편안해진 듯 보였습니다. 그렇게 내 마음 속 나를 달래주고 나니 그제야 객관적으로 상황이 보였습니다. 생각해보니 부모나 형제 그 누구도 저에게 돈을 내놓으라고 강요한 적이 없는데 '우리 가족을 구제해야 한다'고 생각했던 저의 과도한 책임감이 문제였던 거죠. 그들이 돈이 없다고 신세한탄을 해도 그냥 무시하고 나 혼자 잘 살면 되는 건데 그럴 때마다 극도의 스트레스를 받았으니까요. 따지고 보니 가족 문제가 아니라 제 마음의 문제였습니다.

남편을 만난 것도 저에겐 큰 치유가 되었습니다. 남들은 저를 강하고 대단한 여자로 알고 있지만 이 사람은 일찌감치 제 마음속 아이의 존재를 발견했으니까요. "오랜 세월 애기가 어른 노릇하느라고 많이 힘들었지?" 하며 위로해준 그 사람에게 저는 마치 30년의 설움을 다 풀 것처럼 처음으로 억지도 부리고, 서럽게 울며 내 안의 모든 감정들을 쏟아냈습니다. 실컷 울고 나서 민망한 제가 "너무 애기처럼 굴어서 미안해"라고 말하면 남편은 "난 그 애기가 좋아. 더 천천히 자라도 돼."라며 저를 안심시켜 줍니다. 그렇게 나를 무조건적으로 받아주는 사람이 있다는 것은 굉장한 안식이 되었습니다. 내 마음이 충분히 위로받고 나서 제 안의 상처가 치유된 자리에 사랑이 채워졌고 제 마음속 아이들은 하나둘씩 성장해 어른이 되었습니다.

우리 마음속 아이들은 아직 어려서 자기 입장밖에 생각하지 못합니다. 그래서 우선은 그 아이들을 달래줘야 합니다. 당시의 상처 제공자가 지금이라도 위로해주고 사과를 구한다면 좋지만 그럴 수 없는 경우가 더 많지요. 사람에게 받은 상처는 사람으로 치유한다지만 연인이나 배우자, 믿고 기댈만한 친구나 상담사가 곁에 없다면 당신 스스로가 그때의 당신 편을 들어주세요. 그렇게 당신의 내면 아이들을 충분히 울도록 해줘야 상황을 객관적으로 보고 이성적인 판단을 할 수 있는 어른이 됩니다.

마음열쇠

절실하게 내 편이 필요했던 순간은 언제였나요? 위로 받고 싶었던 기억 또는 어루만지고 싶은 상처는 무엇인가요? 그때의 나에게 지금의 내가 어떻게 위로해줄 수 있을까요? 잠시 눈을 감고 생각해보세요.

그때의 트라우마가
지금의 나를 만들었습니다

저는 사람들이 '어디서 그런 열정이 나오세요?'라고 물을 때마다 '분노 에너지'라고 대답합니다. 무기력이나 수치심을 느꼈다면 아무것도 할 수 없었을 텐데 부정적인 감정 중에서 그나마 에너지레벨이 가장 높은 분노를 느꼈기에 인생을 바꿀 수 있었습니다.

'송충이는 솔잎을 먹어야 한다'던 아버지에 대한 반발 때문에 더 큰 세상에 나가 꿈에 도전하고 싶었고, 무기력하고 피해의식에 사로잡혀 있던 어머니에 대한 반발이 저를 당당하고 독립적인 여성으로 만들었습니다. 가난에 대한 트라우마도 큽니다. 그 트라우마

때문인지 외국에서는 자유로운 유목민으로 사는 제가 한국에만 오면 끊임없이 노후대책을 생각하고, 수입이 조금 적은 달에는 극도로 초조해지며 온갖 방안을 고민합니다. 그 덕분에 다양한 일을 시도해 목표한 만큼의 자산을 쌓았으니 트라우마가 나쁜 것만은 아닌 것 같습니다.

저의 지인인 어떤 분은 찢어지게 가난한 집에서 자랐습니다. 자식들을 건사할 수 없을 정도의 상황이 되자 그의 부모는 자식들을 고아원에 맡겼습니다. 그리고 몇년 후 상황이 나아지자 다시 자식들을 데리러 왔지요. 하지만 이미 그의 무의식에는 '가난 때문에 부모님이 나를 버렸다'라는 상처가 깊게 새겨졌습니다. 성인이 된 그는 미친 듯이 일을 해서 돈을 벌었고 수천억대의 자산가가 되었지요. 하지만 사람을 만날 때마다 '이 사람이 내 돈을 보고 접근하는 것이 아닐까? 내가 돈이 없으면 사람들은 날 떠날 거야'라는 생각이 앞서다보니 관계 맺기에 어려움이 있었지요.

이 사람이 평범한 가정에서 자랐다면 그렇게 큰 성공을 거두지 못했을 것입니다. 대신 좀더 편안하게 사람들과 어울리고 관계를 맺을 수 있었겠지요. 이렇게 트라우마는 알게 모르게 우리 삶에 큰 영향을 미칩니다. 마음을 쿡쿡 찌르는 가시로부터 나를 보호하기 위해 평생에 걸쳐 보호막을 형성하듯 내 삶을 만들어왔으니까요.

오스트리아의 심리학자 아들러는 어린 시절의 경험이 삶에 대한 무의식적인 신념을 만들어낸다고 말합니다. 이 신념은 무의식에 자리해서 평소에는 인식하지 못하지만 우리의 생각과 행동에 결정적인 영향을 끼치지요. 특히 트라우마가 될 만한 어린 시절의 경험이나 핵심기억은 우리가 나 자신, 사람들, 그리고 이 세상을 바라보는 신념을 규정짓게 합니다. 그리고 이 신념은 우리의 말과 행동에 베어 나오게 됩니다. '세살 버릇 여든까지 간다'는 말이 괜히 나온 게 아니지요. 상담을 받으면서 제가 찾아낸 신념은 이랬습니다.

나는 환영받지 못했다
사람들은 매정하다
세상은 불공평하다
그러므로 나는 내 힘으로 살아야 한다

이걸 적고 나서야 제 자신을 좀더 이해할 수 있었습니다. 어린 시절부터 끊임없이 방황하면서도 혼자 힘으로 자립하는 것을 가장 큰 미덕으로 삼았으니까요. 세상으로부터 환영받기 위해 몸부림치며 전세계를 돌아다녔고 그러면서도 나 혼자만 힘들게 살아야 하는 것 같아 억울했던 저의 감정들을 좀더 이해할 수 있었어요. 그래서 저는 정신분석가의 도움을 받아 다음과 같이 신념을 수정했습니다.

나는 축복받은 귀한 존재이다
사람들은 나를 환영하는 가족이다
세상은 따뜻하다
그러므로 나는 사랑하며 살 것이다

그리고 3주 동안 잠들기 전에 이를 3번씩 썼고 꿈속에서도 수없이 되뇌었지요. 그러자 조금씩 마음의 분노와 억울함이 녹아내리는 느낌이 들었습니다. 굳이 큰 성취를 하지 않아도 있는 그대로 나 자신을 받아들일 수도 있게 되었고요. 그러다보니 남을 포용할 수 있는 여유도 생겼습니다.

물론 시간이 흐르며 다시 조바심을 내거나 과거의 문제들이 튀어 나올 때도 있어요. 그래도 어쩌겠습니까? 이게 나인걸요. 완벽할 수 없다는 것을 인지하고 조금씩 나아지고 있다는 게 더 중요하지요. 남들 눈에는 보이지 않겠지만 오랜 시간에 걸쳐 저는 조금씩 변화하고 있습니다. 저의 트라우마와 부정적인 신념에 대해서도 밀어내기보다는 감사하게 생각하려 합니다. 덕분에 지금의 내가 되었으니까요. 그러니 나의 수많은 감정들과 신념들에게 인사를 건네 보세요.

"안녕 두려움아. 잘 지냈니? 오늘은 누가 널 깨웠니?" 또는 "안녕 나의 신념아, 오늘 보니까 세상은 나름 공평한 것 같지 않아?" 하고 말이예요.

자신의 무의식에 내재한 신념을 알고 싶다면 노트와 연필 하나를 준비하고 조용한 장소에 편하게 앉아보세요. 명상 음악을 틀고 향초 하나 정도 켜놓는 것도 좋지요. 어린 시절부터 지금까지의 삶을 돌이켜봅니다. 그리고 다음을 적어보세요.

나는…

사람들은…

세상은…

그러므로 나는…

이러한 신념을 갖게 된 결정적인 계기가 무엇일까요? 그때의 자기 자신을 충분히 보듬어준 후 당시의 상황을 좀더 객관적으로 분석해봅시다. 그 상황이 벌어진 데는 내가 미처 인식하지 못했던 이유가 있지 않았을까요? 그리고 그때의 기억을 내가 원하는 방향으로 미화해봅시다. 그 상황을 충분히 상상하고 그로 인한 긍정적인 감정을 느껴봅시다. 그리고 신념을 다시 써보세요.

이 신념이 마음에 드신다면 매일 밤 잠들기 전 3번 씩 써보세요. 그리고 잠들 때까지 머릿속으로 되뇌어 보세요. 3주 정도 해보면 마음이 한결 평온해짐을 느낄 수 있을 겁니다.

▶

○

◆

나에 대해서 만큼은
'무조건' 사랑하세요

"당신을 향한 나의 사랑은 무조건 무조건이야~ 당신을 향한 나의 사랑은 특급사랑이야~"

이 노래 들어보신 적 있으시죠? 어르신들이 좋아하는 트로트 곡, 박상철의 '무조건'입니다. 리듬이 신나기도 하지만 저는 이 구절이 바로 진리라고 생각해요. 진짜 사랑은 '무조건'적인 사랑이니까요.

전세계를 돌아다니면서 108개의 사랑이야기를 수집했던 저는 사랑의 두 가지 방식을 접하게 되었습니다. '그래서'와 '그럼에도 불구하고'.

대부분의 사람들은 '그래서' 사랑에 빠집니다. 그 사람이 매력적이고, 나에게 잘해주고, 내가 원하는 삶을 함께 만들어나갈 수 있을 것 같고…. 누구나 장단점이 있지만 그때는 장점만 눈에 들어옵니다. 그래서 사랑을 하고 결혼도 하고 아이도 낳습니다. 그런데 시간이 흐르면서 그 사람의 단점이 눈에 들어오고 장점이었던 부분들이 사라지기도 합니다. 그 사람이 더 이상 매력적이지 않고, 내게 잘해주지도 않고, 현실은 이상과 다릅니다. '그래서' 화가 나고 그 사람이 미워집니다. 결국 '그래서' 헤어집니다.

반대로 사랑을 지속시키는 사람들은 '그럼에도 불구하고' 사랑하더군요. 그들 역시 처음에는 '그래서' 사랑에 빠졌지만 시간이 흐르면서 더 커 보이는 상대방의 단점에도 '불구하고' 이를 비난하기보다는 그 사람의 부족한 부분을 채워주려 하고, 아무리 작은 장점이라도 열심히 찾아내서 칭찬해줍니다.

그렇다면 왜 어떤 사람들은 '그래서' 사랑을 하고 어떤 사람들은 '그럼에도 불구하고' 사랑을 하는 걸까요? 저는 우리 스스로를 얼마나 사랑하느냐에 따라 타인을 대하는 태도가 달라지기 때문이라고 생각합니다.

만약 우리 마음속에 스스로에 대한 사랑을 담아둔 일종의 '사랑탱크'가 있다면 이 탱크가 바닥을 치고 있는 사람은 타인의 사랑을 얻어 탱크를 채우려고 할 겁니다. 연인이나 배우자, 가족에게 사랑을 갈구하고 타인의 인정과 관심을 받으려고 부단한 노력을 하겠죠. 그들이 원하는 사람이 되기 위해 애를 쓰고, 그들의 부당한 요구를 거부하지 못하고 감정적으로 휘둘리기도 합니다. 아프거나 힘든 상황을 털어놓으며 동정을 구하려고도 해보지만 그들이 알아주지 않으면 허탈하고 화만 납니다.

반대로 내 마음속 사랑탱크가 꽉 채워져 있는 사람은 어떨까요? 혼자 있어도 행복하고 남들과 함께 있어도 행복합니다. 타인의 말 한 마디에 일희일비하지 않고 마음이 평온한 상태를 유지합니다. 남들에게 넘쳐나는 사랑을 나눠주지만 그들이 보답하지 않아도, 고마워하지 않아도 상관없습니다. 이미 내 마음이 충만하기 때문이죠.

그렇다면 이 사랑탱크를 어떻게 하면 채울 수 있을까요? 간단합니다. 바로 나를 '무조건' 사랑하는 겁니다. 소위 자존감이 낮은 사람은 나와의 관계에 있어서도 조건부 사랑을 합니다. 즉 스스로에게도 조건을 들이대며 조건이 충족되면 '그래서' 사랑하고 그렇지 못하면 '그래서' 사랑을 뺏습니다. 어제는 서류에서 탈락을 했으니 나는 20점짜리 존재이고, 오늘은 대기업에 합격했으니 100점짜리 존재라고 생각하지요. 흔히 "요즘 힘든 일이 있어 자존감이 많이 낮아졌어요."라고 말하듯 자존감이 오르락내리락합니다.

자신감과 자존감은 구분할 필요가 있습니다. '자신감'이란 '내가 원하는 것을 이룰 수 있을 거라는 느낌'입니다. 자존감의 일부인 '자기 효능감'과도 비슷합니다. 반면에 '자존감'은 근본적으로 '내가 사랑받을 가치가 있는 소중한 존재라는 믿음'입니다. 설령 원하는 것을 이루지 못하더라도 내가 소중하다는 믿음은 변치 않아야 합니다.

내가 왜 사랑받을 가치가 있는 소중한 존재인지 모르겠다고요? 갓난아이를 하루만 방치해도 생명이 위험한데 당신이 이렇게 건강하게 성장한 것은 누군가가 잠시도 쉬지 않고 많은 것을 희생해 우리를 돌봤기 때문입니다. 당신이 지금 이 책을 읽을 수 있는 것도 그들이 인내심을 가지고 수만 개의 단어를 반복해서 가르쳐준 덕분이죠.

그들은 왜 그랬을까요? 자신들도 더 자유롭게 하고 싶은 거 다 하면서 살 수 있었지만 그만큼 당신이 소중한 사람이었기 때문입니다. 똥오줌 못 가리고 2시간에 한 번씩 울던 아이를, 돈 한 푼 벌어오기는커녕 쓰기만 하는 아이를 보살펴서 한 인간으로 만드는 일보다 더 위대한 일이 있을까요? 누군가 그 위대한 일을 했고 당신은 그

세상에 그 어떤 비싼 집도, 차도, 명품도
이렇게 20년 가까이 공들여 만들지는 않아요.
그만큼 당신은 오랜 세월
누군가의 무조건적인 사랑으로 만들어진
세상에 단 하나밖에 없는 귀한 존재입니다.

위대한 결과물입니다. 세상에 그 어떤 비싼 집도, 차도, 명품도 이렇게 20년 가까이 공들여 만들지는 않아요. 그만큼 당신은 오랜 세월 누군가의 무조건적인 사랑으로 만들어진 세상에 단 하나밖에 없는 귀한 존재입니다.

때로는 실패하고, 때로는 아프고, 때로는 원하는 대로 인생이 풀리지 않기도 하지만 아무리 바닥을 쳐도 나는 여전히 존귀한 사람입니다. 만 원짜리 지폐가 진흙탕에 떨어진다고 천 원이 되지 않고, 보석함에 담아뒀다고 백만 원이 되는 건 아니잖아요. 어제의 나와 오늘의 나는 같은 사람이고 '나'라는 사람의 본질은 변하지 않습니다. 내가 어떠한 상태에 있든 내가 나를 '있는 그대로' 아껴주고 사랑해줄 때 우리는 빛이 납니다. 그래야 타인 또한 있는 그대로 받아들이고 사랑할 수 있습니다. 이렇게 나를 '무조건' 사랑하는 데서 모든 변화는 시작합니다. 무조건 사랑이 특급 사랑입니다.

부모는 선택할 수 없지만
'나'는 선택할 수 있어요

같은 날 제 메일함으로 날아온 두 여성의 사연이 저를 울컥하게 만든 적이 있었습니다. 부모님의 사채와 이혼 문제로 방황하고 우울증으로 힘들어하는 여고생. 자신은 원하는 것을 얻기 위해선 처절하게 노력해도 되지 않는데 부모님 잘 만나 아무 노력 없이 행복하게 사는 금수저 친구를 보며 자괴감을 느끼는 자신이 싫다는 20대 여성. 둘 다 남의 이야기 같지 않았습니다.

　가난, 아버지의 알콜 중독, 부모님의 불화로 인한 방황 끝에 뒤늦게 마음을 잡고 독학으로 소위 명문대에 입학했지만, 가족의 생활비를 벌기 위해 수없이 아르바이트를 했던 저였으니까요. 많은 기억이 스쳐갔습니다. 대궐 같은 집에서 과외를 마치고 돌아온 곰팡이 가득한 반지하 단칸방, 아르바이트에서 잘리고 오는 길에 생활비 좀 더 보내달라는 엄마의 전화를 받고 한참을 서럽게 울었던 순간, 면접을 앞두고 80만 원짜리 정장을 아무렇지 않게 사는 대학친구를 보며 느꼈던 박탈감….

당시의 제게 부모님은 존재만으로 고통 그 자체였습니다. 오죽하면 꿈목록을 썼을 때 1순위가 한국을 떠나는 것이었을까요. 그렇게 저는 해외로 떠났고 거기서 자유롭게 많은 꿈에 도전하며 살았습니다. 하지만 어느새 저는 다시 부모님 곁으로 와 있었습니다. 내 집 마련에 앞서 부모님 집 마련을 먼저 했고 부모님 노후대책을 위해 미친 듯이 일을 했습니다. 그 과정에서 나 자신이 불쌍해 울기도 하고 수없이 고민하고 심리상담을 받으면서 깨달은 것들을 말씀드리고자 합니다.

부모는 우리 삶에서 정말 중요한 존재입니다. 어린 시절 부모는 우리에게 우주 그 자체라고 해도 과언이 아닐 정도로 그들이 우리를 돌봐주지 않으면 우리는 생존 자체가 불가능하죠. 성인이 되기까지 우리는 그들의 절대적인 영향 하에 있습니다. 그들의 세계가 곧 나의 세계인 셈이지요. 부모는 자식에게 두 가지 유산을 남겨줍니다.

첫 번째는 경제적 유산이죠. 건물을 주는 부모도 있지만 빚을 물려주는 부모도 있습니다(다행히 빚은 상속포기를 할 수 있습니다). 그렇다고 부모님께 경제적으로 의존하는 것도, 부모님을 부양하기 위해 내 삶을 포기하는 것도 바람직하지 않습니다. 스무 살이 넘으면 나의 삶과 부모님의 삶은 분리되어야 합니다. 그렇지 못하면 마치 신체와 마음의 일부가 부모에게 묶여 있는 것처럼 내 인생이 내 것이 아니게 되지요.

이보다 더 중요한 것은 정신적 유산입니다. 우리는 20년 동안 부모와 함께 살면서 그들과 비슷한 세계관과 감정의 지형을 형성해나갑니다. 성숙한 부모에게 사랑받으며 자랐다면 정서적으로 안정적이고 건강한 사람으로 클 확률이 높지요. 반면에 자식을 자신과 분리하지 못하고 조종하는 부모, 술이나 도박에 중독된 부모, 아이를 신체적, 언어적, 성적으로 학대하는 부모, 아이에게 어른 역할을 기대하는 부모 밑에서 자라면 아이는 자기 스스로에 대해, 또 세상에 대해 건강한 생각을 갖기 힘듭니다.

물론 이 세상에는 완벽한 인간도, 완벽한 부모도 없기에 우리 모두에겐 어린 시절의 상처와 결핍이 있습니다. 그런데 그 정도가 심한 경우 무의식에 남은 트라우마가 우리의 발목을 계속 붙잡습니다. 부모에게 받지 못한 사랑과 인정을 받기 위해 무언가에 집착하

거나 과도하게 무리를 하고, 타인에게 애정을 갈구하고, 내가 당한
것처럼 내 아이를 학대하는 등 익숙한 고통과 다시 만나게 되기도
하지요. 우리 나이가 50살, 60살이 되고, 부모님이 세상을 떠나도,
우리 스스로 그들의 부정적인 정신적 유산을 끊어내지 않으면 평생
그 자리를 맴돌게 됩니다.

저의 경우 부모님이 물려주신 경제적 결핍보다 정신적 결핍을
넘어서는 데 훨씬 더 깊은 치유의 노력이 필요했습니다. 다행히 이
제는 부모님을 포함한 다른 누군가가 뭐라고 해도 저는 평화롭고 행
복합니다. 내 마음이 나만의 것임을 선택하고 타인에게 내 마음을
휘두를 권리를 주지 않으니까요. 이렇게 내 삶의 주인이 되고 내 마
음의 주인이 되기까지 오랜 시간이 걸렸습니다. 쉽지 않은 과정이었
지만 이제야 저는 독립된 한 인간이 되었다고 생각합니다.

좋은 부모를 만나는 것은 큰 행운입니다. 하지만 우리는 부모
를 선택할 수 없습니다. 운이 나쁘면 20년을 고통 속에 살 수도 있습
니다. 하지만 다행스럽게도 우리는 '나'를 선택할 수 있습니다. 용기
내어 내 삶의 결핍과 상처를 직면하고 이를 극복하여 내 삶과 내 마
음의 주인이 될 수도 있고 반대로 평생을 그들에게 끌려 다닐 수도
있습니다. 어떤 '나'를 선택하시겠습니까?

좋은 부모를 만나는 것은 큰 행운입니다.
하지만 우리는 부모를 선택할 수 없습니다.
운이 나쁘면 20년을 고통 속에 살 수도 있습니다.
하지만 다행스럽게도
우리는 '나'를 선택할 수 있습니다.

�

마음이 추운 날에는
어린 시절 사진을 꺼내보세요

강연을 마칠 무렵이었습니다. 무거운 표정의 60대 남성이 저를 붙잡고 조심스레 물어보시더군요. 제 또래의 딸이 있는데, 그 딸이 이래저래 일이 안 풀린 것을 부모 탓으로 돌리며 몇 달째 집에만 처박혀 있다고. 자기는 분명 딸을 위해서 몇 십 년을 희생했는데, 왜 이런 결과가 돌아오느냐고, 처참한 표정으로 말이지요.

　매일같이 받는 이메일을 들여다보면 마음이 단단하지 못한 분들이 참 많습니다. 그리고 그 중 상당수는 부모님을 원망하지요. 한 사람의 자존감은 그 사람이 태어나서 처음 6년 동안 받은 눈빛들의 합이라고 하는데 멘탈이 약한 분들 보면 어린 시절 사랑받지 못한 경우가 많아요. 영유아기는 공사로 치면 기초공사 기간이거든요. 건물 짓고 나서 보면 겉으로 드러나지 않지만 부실공사를 했다면 지진이나 다른 외부자극에 쉽게 무너질 수 있죠. 그래서 겉으로는 부족할 게 없어 보이는 사람도 어린 시절 사랑을 충분히 받지 못했다면 누군가 무심코 던진 말 한마디, 아무 생각 없이 보낸 차가운 눈빛 한 번에 마음이 뿌리 채 뽑힐 듯 힘들어져요.

저 역시도 어린 시절의 아픈 기억이 참 많습니다. 한번은 넓은 공터에서 고무줄놀이를 하는데 지나가던 택시가 초등학생인 저희들이 비켜주지 않는다고 "너희는 에미 애비도 없냐?" 하고 소리를 질렀습니다. 그 현장에 있었던 어머니는 화를 내며 제게 회초리를 드셨습니다. 잘못한 건 내가 아닌데 왜 맞아야 하는지 억울했던 저는 이와 비슷한 사건을 몇 번 더 겪고 나서 엄마가 나만 미워한다는 확신을 갖게 됐죠. 그런데 이런 경험을 저만 한 건 아닌 듯합니다. 어느 설문조사에서 청소년의 절반이 신체적, 정신적 폭력을 경험했다고 답했다니 말입니다.

그런데 어느 날 어린 시절 앨범을 정리하다 깜짝 놀랐어요. 엄마 아빠가 우리 형제를 좋은 곳도 많이 데려가고 예쁘게 꾸며줄려고 애쓰셨구나 …. 그런데 왜 제 기억들은 그토록 아프고 불행하기만 할까요? 저만 그런 게 아니었어요. 내면아이 치유 워크숍을 진행하면서 어린 시절의 상처와 아픔을 이야기하며 눈물을 글썽이던 참가자들이 가져온 어린 시절 사진을 꺼내서 함께 보았는데 다들 어쩜 그리도 예쁘고 행복해 보이는지 본인들도 깜짝 놀라더라고요.

물론 이 세상에는 인격적으로 미성숙하거나 무지해서 아이를 자기 감정의 쓰레기통으로 삼고 학대하는 부모들도 소수 있지만 대부분의 부모님들은 우리를 위해 많은 희생을 했어요. 생각해봐요. 우리 이렇게 건강하게 살아 있잖아요. 하고 싶은 거 대부분 하고 살아 왔잖아요. 거기에는 그들의 수많은 희생이 있었고 어린 시절의 사진들이 이를 증명하고 있지요.

저를 붙들고 물어보셨던 그 60대 아버지처럼 부모님들 입장에선 억울할지 몰라요. 자식을 위해 자신의 꿈을 포기하고 온갖 궂은 일을 했는데 자식들이 고마워하기는커녕 왜 원망만 하는지…. 아이는 어른이 아니라서 그래요. 부모 입장에선 99번 참고 1번 혼냈어도, 자식입장에선 99번 부모가 참은 것보다는 1번 혼낸 것을 기억한답니다. 혼나는 순간 느끼는 부정적인 감정은 세포에 강렬하게 맺히고 기억은 시간이 흐를수록 왜곡되지요. 왜 혼났는지, 부모가 무

○ 108
○ 마음스피 두 번째 방

엇을 가르치려 했는지는 생각나지 않고 부모가 자신을 미워하고 학대했다는 느낌이 쌓여가죠. 사랑받은 기억이 충분하지 않을수록 더욱 더 심합니다.

아직 자식이 품안에 있다면, 부모님이 살아 계시다면 더 늦기 전에 서로의 마음속 앙금을 털어놔 봐요. 많이 아팠다고, 많이 미웠다고, 용기내서 말해보세요. 아마 상대방도 나름의 아픔이, 나름의 사정이 있었을 거예요. 지금이라도 그 마음 알아주세요. 미안했다고, 사랑한다고 말하는 것만으로도 큰 치유가 된답니다.

만약 그럴 기회가 없다면 용서해요. 그분들도 몰라서 그랬어요. 부모 노릇은 처음이라서, 사랑을 제대로 받아 본 적이 없어서 사랑을 주는 방법도 몰랐을 수 있어요. 그들을 원망하는 대신 그럼에도 불구하고 잘 커 준 스스로를 칭찬해주세요. 그리고 타인에게 사랑을 베풀어보세요. 상처 없는 사람은 없거든요. 그렇게 서로를 위로하고 치유하다가 내가 자식 낳으면 제대로 잘 가르치고 사랑으로 키우면 됩니다. 그렇게 아픔의 고리를 끊고 사랑의 대물림을 시작하면 되는 거 아닐까요?

아무도 내 편이 아닌 것 같고 마음이 추운 날에는 어린 시절의 사진을 꺼내 보세요. 그 사진들이 말해줄 겁니다. 당신은 사랑받고 자랐고, 사랑받아 마땅한 사람이라고.

▶
○
◆

당신도
사랑받고 싶었죠?

저는 부모님이 싸우는 이유가 가난이라고 생각했습니다. 그래서 힘들게 가난을 해결했지만 40년 습관이 어디 하루아침에 사라지겠습니까? 두 분은 예전처럼 온갖 꼬투리를 잡으며 매일같이 싸웠고 저는 너무 화가 났습니다. 거금을 들여 두 분을 2박3일 마음치유 캠프에도 보내봤지만 달라지지 않았습니다. 결국 저는 '어쩌면 이것은 화목한 가정을 갖고 싶었던 어린 시절의 내 욕심일지도 모른다'라는 것을 인정하고 두 사람이 싸우는 이유를 관찰하기 시작했지요.

엄마는 지난 수십 년간 아버지가 말과 행동으로 자신에게 준 온갖 상처들을 열거하는 반면 아버지는 가족을 위해 40년간 막노동 현장에서 노예처럼 일했다면서 서로 한 치의 양보도 없었습니다. "나 때문에 마음 아팠었지? 미안해." "우리 가족 부양하느라 정말 힘들었지? 고생했어." 이 한 마디면 되는데 두 사람은 서로 '나 좀 인정해줘' '나 좀 사랑해줘'라는 표현을 너무나도 공격적으로 하고 있었던 거지요.

그러고 나니 두 사람의 마음속 어린 아이들이 보였어요. 아들 못 낳는다고 온갖 수모를 당하고 강압적인 남편의 끊임없는 뒤치다꺼리를 하면서 네 형제를 키우느라 지쳐 있던 엄마. 평생을 자기 연민에 빠져서 남의 상처까지 들여다볼 여력이 없었던, 마음은 7살인데 어느덧 힘없는 시골의 노인네가 되어버린 엄마. 그런 엄마를 나는 왜 완벽한 양육자이자 공명정대한 절대자가 아니었다고 원망했을까요? 엄마도 엄마 인생을 처음 살아보는 서툰 사람이었는데. 저는 빛바랜 사진 속, 젊었던 엄마가 지금의 나보다 어린 동생으로 내 앞에 앉아있다고 생각하고 이렇게 엄마에게 말했습니다.

"순애야, 어렸을 때부터 남자 형제들 대학갈 때, 너는 학교도 못가고 희생만 했지. 결혼해서 시어머니와 남편에게 아들 낳으라고 얼마나 시달렸니. 10달을 품은 아이가 하루 만에 세상을 떠나고

얼마나 마음 아팠니. 그 후에도 줄줄이 딸만 낳아서, 네 잘못도 아
닌데 시달림당하고 얼마나 고통스러웠니. 아이 낳는데 보호자도 없
이 그 무거운 몸으로 보건소 가서 혼자 둘째딸 낳고, 한 시간 만에
퇴원해서 그 추운 겨울밤 아들을 못 낳았다고 통곡하던 그 심정, 누
가 알겠니…."

한때 미워하고 원망했던 아빠가 사업에 실패해 빚쟁이들에게
쫓겼던 것이 지금의 제 나이였습니다. 여섯 식구를 먹여 살리기 위
해 40년을 땡볕에서 일하며 자신보다 훨씬 어린 현장소장들의 지시
를 받았던 기분이 어땠을까요. 저는 아빠의 군대 시절 증명사진을
붙잡고는 이렇게 말했습니다.

"동균아, 어렸을 적부터 이집 저집 왔다 갔다 하면서 눈치 보이
고 혼란스러웠지? 동생에게 관심 뺏기고 사랑받지 못해서 많이 외
로웠지? 공부도 잘했는데 집에서 지원해주지 않아서 중학교도 못가
고 얼마나 서러웠니. 15살 어린 나이에 타향살이, 남의집살이 하면
서 눈칫밥 먹고 어리다고 무시당하면서 말할 곳도 없고, 얼마나 힘
들었을까. 언제나 애정을 갈구했던 어머니에게 뒤늦게나마 인정받
고 싶어서 아들 낳으라고 아내를 타박할 때 너도 괴로웠지? 오랜 시
간 그 땡볕에서 일하고, 온몸에 골병이 드는데도 고마워하지 않는

아내와 자식들 때문에 화나고 외로웠지?"

그렇게 생각하니 엄마도, 아빠도 이해 못 할 것이 없었습니다. 심지어 엄마를 괴롭혔던 할머니의 일생도 기구하기 짝이 없고 불쌍하다는 생각이 들었지요. 젊은 나이에 남편을 잃고 8명의 자식들을 키우기 위해 평생 온갖 궂은일을 하고 살았던 불쌍한 여인. 여자라는 이유로 한 인간으로 대접받지 못했고 남편이나 아들이 유일한 권력과 생존의 수단이었던 할머니. 만약 과거의 그녀가 내 아래 동생이었다면, 그렇게 가혹한 현실을 버텨내고 있었다면, "너 왜 그렇게밖에 못하니"라고 비난하기보다는 그냥 안아주었을 것 같습니다. 실제로 그렇게 젊은 그들을 안아주는 상상을 하니 마음이 한결 편안해졌고요.

그러고 보면 미워할 사람도, 원망할 사람도 없습니다. 그들이 무지하고 어리석은 부분도 있었지만 자신들이 할 수 있는 최선을 다했으니까요. 어쩌면 우리의 상처는 내 의지와 상관없이 뒤에서 박는 차 때문에 앞차를 박게 된 3중 추돌사고 같은 것인지도 모릅니다. 사랑받지 못한 아이가 부모가 되어서 자신의 자식들을 어떻게 사랑해야 할지 몰라 시행착오를 거듭한 것이지요. 이 트라우마의 대물림을 이제 우리가 끊기로 해요. 그러려면 먼저 그들 또한 사랑받아 마땅한 사람이었다는 사실을 인정하고 받아들여야겠지요.

▶
○
◆

나는 인생의 피해자가 아니라
창조자입니다

몇 년 전 크리스마스에 무슨 봉사활동을 할까 고민하던 중 '절대빈곤을 겪는 이들 뿐만 아니라 마음의 상처를 입은 사람은 누구나 불우이웃이 아닐까' 하는 생각이 들었습니다. 그래서 올 한해 힘들었던 여성들의 상처를 다독이고 그녀들을 반짝반짝 빛나는 여주인공으로 만들어줄 '힐링파티'를 기획했습니다.

파티를 공지하자마자 순식간에 백여 명이 참가 신청을 했습니다. 어떻게 살아야할지 모르겠다는 신세한탄에서부터 갑자기 찾아온 암, 가족의 죽음, 이혼 등 다양한 사연이 접수되었지요. 평생 살아온 이야기를 A4용지 8장에 써서 보낸 사람도 있었고 막장드라마에나 나올법한 사연도 상당히 많았고요. 반대로 '저 사람은 왜 저렇게스스로에게 가혹할까, 왜 스스로를 지옥으로 몰아갈까' 안타까운 마음에 한숨이 나오는 경우도 있었습니다.

몇 번에 걸쳐 사연을 읽은 끝에 2~30대 여성 10명을 초대했고 장장 10시간에 걸쳐 파티를 열었습니다. 1부에서는 전문가의 헤어메이크업, 의상으로 그녀들을 변신시킨 후 사진작가가 화보촬영을 해주었죠. 2부에서는 힐링토크와 음악치료를 하며 그녀들의 구구절절한 사연들에 귀기울였습니다. 어려운 가정형편과 사랑받지못한 기억들, 몸과 마음의 장애, 사랑했던 사람의 배신, 한순간에 모든 것을 잃은 실패, 왕따로 인한 대인공포까지 다양한 사연이 있었지요.

그런데 제가 놀란 것은 그날 봉사자로 오신 분들의 이야기였습니다. 그분들 역시 참석자들 못지않게 기구한 사연들을 가지고 있더군요. 가난한 집안 사정 때문에 20대 내내 고생한 끝에 서른 살이 넘어 대학에 가신 분, 강도에게 목 졸려 죽을 뻔 했던 분, 빵 한 쪽 살돈이 없어 배고픔을 견뎌야 했던 분, 교도소에 수감 중인 아버지 때문에 평생을 고통받은 분. 심지어 현재 알츠하이머 투병중인 분까지도 다른 이들을 돕겠다며 봉사자로 와주셨습니다.

다들 비슷한 고통을 겪었지만 누군가는 '피해자'로, 누군가는 자신이 아파본 적 있기에 다른 사람을 치유하고자 하는 '상처 입은 치유자(wounded healer)'로 자신을 바라보고 있었던 것이지요. 이 경험을 계기로 저는 깨달았습니다. 살다보면 어쩔 수 없는 피해를 입기도 하지만 그로 인해 남은 생을 피해자로 살아갈 것인지, 생존자가 될 것인지, 아니면 자신의 상처를 더 큰 축복으로 승화시키는 인생의 창조자가 될 것인지는 각자의 선택이라는 것을 말입니다.

저는 10년 째 자서전 못지않은 구구절절한 인생사를 써내려간 이메일을 매일 받습니다. 그들의 이야기는 우선 가정불화로 시작합니다. 술, 도박, 불륜, 가난 등으로 인해 부모님이 매일 싸우고, 폭언과 폭력이 오가고, 이혼과 재혼이 이어집니다. 그로 인해 자신은 방임 또는 학대와 애정결핍을 겪고 있다는 내용입니다. 거기서 나아가 자살이나 질병으로 인한 가족의 죽음, 선천적 또는 후천적 장애, 파산이나 사기, 성추행이나 성폭행 등 가슴이 내려앉는 사연들도 많습니다.

그들의 이야기를 집중해서 읽고 나면 수십 년의 고통이 온몸으로 느껴져 무척 힘듭니다. 마음의 토대가 단단하지 않은 그들은 삶의 조그만 균열에도 흔들리며 자신이 만들어낸 마음지옥에 빠지고 구원의 손길을 기다리지요. 그래서 이제 누군가가 그런 아픈 이야기를 하거나 눈물을 흘리면 저는 우선 그 사람을 안아줍니다. 그러고 나서 무슨 말씀을 드려야 할까 고민하며 조심스레 답을 드려보지요.

하지만 자신의 상처와 고통에만 함몰되어 시야가 좁아진 사람들은 고슴도치처럼 뾰족해진 경우가 많습니다. 그래서 타인의 조언을 받아들이지 못하고 자기 자신 뿐만 아니라 주변 사람들을 찔러대기도 합니다. 의지만으로 치유되기 힘들 때는 전문가를 찾아가야 합니다. 다리가 부러지고 피를 철철 흘리는데 축구를 할 수 없듯이, 마음이 피를 철철 흘리고 있는데 아무 일도 없었던 것처럼 일상 생활을 하고, 타인과 관계를 맺는 것은 오히려 더 큰 후유증을 남길 테니까요.

어느 정도 치유의 과정을 겪고 나면 한번쯤 생각해보세요. '이 고통은 나에게 어떤 의미가 있는가?' 어쩌면 당신 인생의 최악의 사건이 당신의 삶을 가치 있게 만드는 터닝포인트가 될 수도 있습니다. 무시당했기에 더 노력해서 성공하고, 짓밟혔기에 더 용기 내어 목소리를 내고, 고통 받았기에 위대한 예술작품을 탄생시키기도 합니다. 아파 본 사람만이 타인의 아픔을 이해하고 치유해 줄 수 있습니다.

파키스탄에는 무크타르 마이라는 여성이 있습니다. 그녀의 남

이 지구에 사는 사람 중에
상처 없는 사람은 없을 겁니다.
스스로를 피해자로 여기며 살아갈 것인지
상처를 위대한 축복으로 승화시키는
창조자로 살 것인지는
우리의 선택에 달려있습니다.

동생이 자신보다 높은 계급의 여성에게 말을 걸었다는 이유 하나로 그녀는 남동생 대신 벌을 받아야 했습니다. 아버지를 포함한 동네 사람들이 보는 앞에서 집단강간을 당한 것입니다. 이런 경우 대부분 자살을 선택하지만, 그녀는 소송으로 맞서 3년의 재판 끝에 승소했습니다. 그녀의 책이 전세계 곳곳에서 출판되었고 거기서 생긴 수익금과 후원금으로 그녀는 학교를 설립해 다른 여성들을 돕고 있습니다. 그녀는 분노가 자신을 살렸다고 합니다. 죽을 힘이 있다면 살아서 그들의 잘못을 바로잡고 자신과 같은 희생자를 줄이기로 마음을 먹었다고 말합니다. 평범한 문맹의 시골여인이 상상도 할 수 없는 끔찍한 고통을 계기로 위대한 선택을 한 것이지요.

이 지구에 사는 사람 중에 상처 없는 사람은 없을 겁니다. 겉으로 멀쩡해 보인다고 해서, 말하지 않는다고 해서 아무 일도 없었던 것은 결코 아니니까요. 하지만 중요한 것은 그 다음의 선택입니다. 스스로 피해자라 여기며 남은 평생 자신 또는 타인을 원망하고 또 다른 이들에게 상처를 주며 살아갈 것인지, 상처를 위대한 축복으로 승화시키는 창조자로 살 것인지는 우리의 선택에 달려있습니다.

마음열쇠

내 인생의 가장 큰 고통을 떠올려보세요. 많이 아플 겁니다. 온갖 감정
이 솟구쳐 오르고 몸의 일부분이 아파올 수도 있어요. 우리의 수많은 기
억들은 온몸의 세포 곳곳에 저장되어 있으니까요. 그 격렬한 감정과 몸
의 반응을 거부하지 마세요. 이 고통을 내 몸과 마음에서 내보내는 애
도의 과정이니까요. 고통과 연계된 감정을 거의 다 배출하고 나서 스스
로에게 물어보세요. '이 고통은 내 삶에 어떤 의미가 있는가? 나는 어떻
게 이 고통을 위대한 축복으로 승화시킬 것인가?' 이 과정은 사람에 따
라 오래 걸릴 수 있으니 혼자만의 시간과 공간을 충분히 확보하신 후 시
도하시기 바랍니다.

사랑할 때
우리는 꿈 꿀 수도 있습니다

"꿈을 이루려면 연애는 포기해야 하는 것 아닌가요?"

제가 자주 받는 질문 중 하나입니다. 다들 알다시피 요즘 우리의 삶은 참 팍팍합니다. 하지만 당신이 무인도에 혼자 가서 산다면, 지금처럼 이렇게 열심히 살까요? 아마 아닐 겁니다. 우리가 매일매일 이토록 열심히 사는 이유는 따지고 보면 결국 사랑받고 인정받기 위해서입니다. 우리가 이 세상에 존재하는 이유도 궁극적으로는 사랑이고, 매일매일 열심히 살아가는 이유도 사랑하는 사람들을 위해서지요.

당장 먹고살기도 힘든데 연애하는 데 쓸 돈과 시간이 어디 있냐고요? 제 주변에 사법고시를 한 번에 패스하고 변리사 시험까지 붙은 친구가 있어요. 그런데 그 어려운 시험들을 준비하면서도 그녀는 한 번도 연애를 쉬지 않았다고 합니다. 비결을 묻자 "어차피 혼자 먹을 밥 둘이서 먹고, 혼자 주말에 잠깐 쉴 때 둘이 같이 쉬는 건데 뭐가 그렇게 어려워?"라고 답하더군요.

누구는 그게 무슨 연애냐고 반문할 수도 있겠지만 저는 무릎을 탁 쳤습니다. 사랑이란 상대방을 소유하거나 내가 상대방에게 소유되는 것이 아니라 우리에게 주어진 시간과 에너지의 일부를 상대방과 공유하는 것이니까요.

만약 상대의 사정은 아랑곳없이 매일 세 번 이상 연락하고, 일주일에 한 번 이상 만나 맛집을 가고 특별한 날에는 멋진 이벤트를 해주는 게 연애라고 생각한다면 쉽지 않겠지요. 그건 마치 엄마의 주머니 사정은 생각 안 하고 장난감 사 달라고 떼쓰고 울어대는 아이처럼 상대방에게 나의 결핍과 환상을 충족시켜 달라고 요구하며 그게 당연한 것이라 우기는 유아적 사고입니다.

연애하면 당연히 자주 보고 좋은 것만 함께해야 하는 것 아니냐고요? 미슐랭 레스토랑에 가거나 비싼 뮤지컬 공연을 보는 대신 같이 도시락을 싸서 공원이나 둘레길을 걷는 것만으로 충분히 행복할 수 있어요. 시간이 없으면 도서관이나 커피숍에서 만나 각자의 공부나 일을 할 수도 있고요. 함께 있는 시간, 서로를 향한 마음 그 자체에 의미를 둔다면 어떤 상황에서도 연애는 가능합니다.

그 사람 생각에 일을 못 한다고요? 밖에 나가서 운동도 하고 친구들도 만나고 자기계발하면서 에너지를 분산시키세요. 입장 바꿔서 상대방이 모든 걸 포기하고 나만 바라본다면, 일도 안 하고 하루 종일 내 생각만 하고 있다면 숨 막히지 않겠어요? 혼자서 행복할 때 둘이서도 행복할 수 있답니다. 사랑은 내 인생의 구원자가 아니라 내 인생에 일시적으로 주어진 선물입니다. 시작이 있는 것처럼 끝이 있는, 시한부 인연.

수십 년간 다른 삶을 살아온 사람들끼리 만나다 보면 오해도 갈등도 생깁니다. 스스로의 찌질한 모습에 머리를 쥐어뜯기도 하고, 후회로 한밤에 '이불킥'을 하기도 하고, 이별 후 상실의 아픔으로 울부짖고 고통스러워하기도 합니다. 그건 우리가 성장하고 있다는 증거입니다. 사랑만큼 인간에 대한 이해를 깊게 만들고 사람을 성장시키는 사건도 없으니까요. 그렇게 사랑이 주는 희열, 사랑이 주는 고통이 역사를 바꾸고 예술을 창조해왔습니다.

그러니 사랑을 너무 두려워하지도, 완벽한 조건이 갖춰졌을 때까지 기다리지도 마세요. 세상 모든 일이 그렇듯 연애도 처음부터 완벽하게 해낼 수는 없어요. 우리 모두는 다 부족합니다. 상황이 여의치 않을 때도 있습니다. 더 나은 사람, 더 나은 조건을 바란다면 한도 끝도 없겠지만, 나의 부족함과 상대의 부족함을 받아들이고 이를 보듬어 줄 때 연애는 그리 어렵지 않습니다. '남들처럼' '당연히 이 정도는'이라는 전제를 빼고 '있는 그대로' 나와 상대방의 존재 그 자체와 두 사람의 상황을 받아들이면 할 수 있는 것들은 많아집니다. 잊지 마세요. 시간이 흐르고 나면 결국 남는 것은 사랑하고 사랑받았던 기억이라는 것.

마음열쇠

사랑하는 사람이 있다면 그 사람의 눈을 바라보며 "존재해줘서 고마워."
라고 감사의 말을 건네 보세요.
짝사랑 하는 사람이 있다면 오늘 당장 그 사람에게 고백해보세요. 일단
고백하고 나면 결정은 그 사람의 몫이니 나는 더 이상 고민할 게 없습니
다. 둘 다 없다면 다음 장을 읽어보세요.

연애하고 싶다면
싸돌아다니세요

"공대 나와서 IT회사에서 일하니 주변에 여자가 없어요."
"여중, 여고, 여대를 나와서 주변에 남자가 없어요!"

　남들은 다들 연애만 잘하는 것 같은데 왜 내 주변에만 이성이
없는 걸까요? 빈익빈 부익부가 가장 극심한 영역이 연애가 아닐까
싶을 정도로 이상하게 어떤 사람들은 끊임없이 연애를 하고 어떤 사
람은 생전 소개팅조차 들어오지를 않죠. 그들은 한결같이 말합니다.
"주변에 괜찮은 사람이 없어요!"

제가 지금까지 살면서 깨달은 진리가 하나 있어요. 내가 움직이지 않으면 세상도 움직이지 않는다는 것. 연애도 마찬가지입니다. 내가 아무 노력도 하지 않고 가만히 있는데 다른 사람이 먼저 다가와서 챙겨주고 사랑해주는 경우는 없어요(원빈이나 김태희처럼 생긴 경우는 예외로 합시다). 마냥 기다릴 게 아니라 TV에 나온 맛집을 찾아다니는 열정으로 싸돌아다니는 게 인연을 찾는 첫 단계입니다.

중요한 건 전략적으로 싸돌아다녀야 한다는 것입니다. 여자들끼리 예쁜 카페 가서 셀카 100장 찍어서 인스타그램에 올려 봤자 보는 사람 없습니다. 남자들끼리 축구하고 맥주 마시고 땀 냄새, 술 냄새 풍기면서 군대 얘기하면 여자들은 다 도망갑니다. 여자라면 남자가 많은 등산, 자동차, 스포츠 모임을, 남자라면 독서, 예술, 댄스 모임을 가 보세요. 특히 라틴댄스 수업에서는 늘 남자가 부족합니다! 춤이나 스포츠가 좋은 또 다른 이유는 움직이면 아드레날린이 분출하는데, 운동 때문에 내 가슴이 뛰는지 옆에 있는 이 사람 때문에 가슴이 뛰는지 뇌가 헷갈려서 눈 맞을 확률이 높아져요. 그렇다고 클럽은 가지 말아요. 똑같은 사람이라도 어디서 만났느냐에 따라 그 사람의 가치가 다르게 인식되거든요.

두 번째 핵심포인트는 '접근 가능성'이예요. 제가 탱고를 배우면서 느낀 건데요. 탱고는 두 사람이 만나서 추는 춤인 만큼 파트너를 찾기 위해 '까베세오'라는 걸 합니다. 밀롱가(탱고를 추는 클럽)에서 한 타임이 끝나고 쉬는 시간 동안 수많은 사람들이 파트너를 탐색하다 눈이 맞은 순간 남자가 고개를 끄덕이고, 여자가 이에 응답하며 고개를 끄덕이면 두 사람은 무대에서 만나 춤을 추게 되죠. 세계 최고의 댄서가 날 바라보고 있어도 내가 그를 쳐다보지 않는다면 춤을 출 수가 없어요.

사랑도 두 사람의 눈이 맞아야 시작됩니다. 날 바라보고 있는 사람을 내가 외면하고 있었던 건 아닌지 한번 잘 둘러보세요. 관심 있는 사람에게 미소와 눈빛을 보내세요. 사람은 본능적으로 자기를 좋아하는 사람을 좋아하게 되거든요. 상상해보세요. 내 앞에서 김태희, 원빈이 똥 씹은 표정을 하고 있다면? 아무리 매력적이어도 나를 무시하거나 함부로 대하는 사람은 '재수 없는 사람'입니다.

먼저 다가가 그 사람에게 관심을 보여 주세요. 지켜보고 있다가 한 번씩 도움의 손길을 내미는 것도 좋죠. 괜찮다 싶으면 그 마음이 너무 깊어지기 전에 고백하세요. 고백하고 나면 적어도 이 고민은 내 것이 아닌 상대방의 것이 되잖아요. '나를 가볍게 보지는 않을까? 밀당을 어느 정도 해야 하는 것 아닐까?' 너무 고민하지 말아요. 밀당은 상대방이 내게 어느 정도 관심이 있을 때 가능한 거지 어설픈 밀당으로 멀리 있는 사람 더 멀리 밀어버리는 수가 있어요. 거절당해도 괜찮아요. 그냥 이 사람이랑 내가 인연이 아닌 거니까 다음 인연을 찾아보면 됩니다. 그렇다고 한 집단 안에서 너무 이 사람 저 사람 티나게 집적대진 말아요. 남녀 모두 어설픈 바람둥이를 싫어합니다.

세 번째로 중요한 것은 '매력'입니다. 기본적으로 당신이 호감가는 사람이어야 친구가 되고 싶을 테고 거기에 추가로 '매력적인 여자' 또는 '매력적인 남자'일 때 연인으로 '원츄'하게 되겠지요? 그렇다면 어떤 사람이 매력적일까요? 여러분의 이해를 돕기 위해 지극히 주관적으로 매력에 관한 공식을 만들어봤어요.

매력=(외적 매력+내적 매력)×자신감

이 공식의 구성요소를 하나하나 짚어볼게요. 우선 '내적 매력' 하면 무엇이 떠오르시나요? 성격? 취미? 태도? 저는 '한 사람이 얼마나 주도적으로 자기 삶의 주인으로 살아가는가'라고 생각해요. '현실'을 고정불변이라 여기고 이에 굴복하기보다는 '꿈'을 꾸고 이에 맞춰 자신의 삶을 만들어 가는 사람들. 즉 주어진 현실을 기준으로 꿈을 축소시키는 것이 아니라 자신의 꿈을 기준으로 현실을 이에 맞춰 확장시켜 가는 사람들이 자기 삶의 주인이죠.

큰 꿈이든 작은 꿈이든 한번이라도 꿈을 이뤄본 사람은 온몸에서 뿜어져 나오는 에너지가 달라요. 생동감과 활기, 긍정성이 동시에 느껴지죠. 누구에게나 그렇듯 삶은 우리에게 크고 작은 역경들을 선사하지만 '그럼에도 불구하고' 이를 극복해본 사람들은 매력적입니다.

위의 공식에서 자신감은 이미 갖춰진 매력을 증폭시키는 역할을 해요. 내 매력이 객관적으로 10이고 자신감이 10이라면 나는 100점짜리 매력을 가진 사람이 되는 반면, 자신감이 0.1이라면 나는 1점짜리가 되는 거죠. 여러분 주변에도 있겠죠? 남들이 부러워할 만한 모든 것을 갖추고도 스스로를 부족하다 생각하며 자신의 가치를 깎아내리는 사람들. 반대로 딱히 대단한 뭔가가 없는 데도 이상하게 '볼수록 매력 있는' 사람들. 그 사람들과 있으면 마음이 편안하고 기분이 좋아집니다.

마지막으로 외적 매력이란, 이렇게 소중한 보석 같은 나를 예쁜 보석함에 담느냐 아니면 비닐봉지에 아무렇게나 담느냐의 차이라고 생각하시면 됩니다. 얼핏 보기에는 보석함에 담긴 큐빅이 비닐봉지에 담긴 다이아몬드보다 더 진짜 같아 보일 수 있어요. 그러니 나처럼 매력적인 사람을 왜 세상이 알아주지 않느냐고 원망하기보다는 나라는 보석을 예쁘게 잘 담는 것에도 신경 쓴다면 화룡점정이겠지요?

아름다운 외모를 갖추는 방법에 대해서는 워낙 정보가 많으니 패스할게요. 하지만 확실한 것은 20대까지는 타고난 외모가 중요하지만, 30대부터는 자기관리가 그 사람의 외모적 매력을 좌우한다는 것! 그래서 코코 샤넬이 그런 말을 했나 봐요. "못생긴 여자는 없다. 게으른 여자만 있을 뿐이다." 여자, 남자 가릴 것 없이 모두에게 적용되는 이야기겠죠?

▶

○

◆

모든 관계는
내 마음을 비추는 거울입니다

런던에서 서울까지 1년간 여행하며 매일 하루에 한 사람의 꿈을 인터뷰하겠다는 취지로 드림파노라마 프로젝트를 진행했을 때의 일입니다. 프로젝트에 앞서 저는 사진작가, 영상감독, SNS마케팅 담당자 등 다양한 사람들을 만났고 A는 그중 한명이었지요. 자신을 파리에 사는 영화감독 지망생이라 소개했지만 검증할 만한 포트폴리오가 전혀 없어 애초에 고려하지 않았던 후보자였습니다.

　그런데 홀로 여행한지 4개월이 지나 중동 지역에 있을 때 많이 외로울 즈음 A가 종종 안부메일을 보내왔습니다. 일거리가 없어 밥 사먹을 돈도 없다는 그녀가 안쓰럽기도 하고 반갑기도 했던 저는 '실력이 좀 부족하면 어때? 같은 여자끼리 여행하면서 촬영하면 더 안전하고 재미있지 않을까?' 하는 생각에 그녀의 항공료를 지불해 인도로 날아오게 했지요. 하지만 그녀는 제가 머무를 뭄바이 대신 인도 북부를 여행하겠다고 일방적으로 통보하고는 떠나버렸고 이후 뭄바이로 돌아오지 않았습니다. 사실상 저는 이메일 몇 통을 주고받은 낯선 사람의 항공료를 무상으로 지원해준 꼴이었지요.

당시에는 너무나 황당하고 화가 나서 그녀를 맹비난했지만 시간이 지나 돌이켜보니 다 제 잘못이었습니다. 실력이 검증된 사람을 뽑아 제대로 업무를 논의하고 계약서를 쓴 다음 일이 끝난 후 돈을 줘도 부족한데 막연히 외롭고 누군가에게 의지하고 싶은 마음에 무작정 돈부터 보냈으니까요. 그녀에게 배신감을 느꼈던 저는 한동안 주변의 인도 사람들도 쉽게 믿을 수가 없었습니다. 그들이 아무 생각 없이 하는 말을 오해해 그들을 비난하고 원망하기도 했고, 극도의 스트레스로 밥도 못 먹을 정도였습니다. 그때는 왜 하필 이런 나쁜 사람들만 내게 다가오는지 이해할 수 없었지만 돌이켜보면 제 마음이 문제였던 것 같아요.

내 인생 최악의 인연으로 기억되는 사람이 있다면, 그 사람을 만났을 당시의 내 상태를 떠올려 보세요. 그때의 나는 여유롭고 너그러우며 당당했나요? 아니면 외롭고 슬프거나 절망적인 상태였나요? 사람의 절박한 마음에는 냄새가 나고 다른 사람들은 그 냄새를 귀신같이 맡습니다. 그래서 좋은 사람들은 도망가고 나쁜 사람들은 쉽게 다가오게 됩니다. 애인과 헤어진 지 얼마 안 되어 자신의 감정도 추스르지 못하는 사람이 곧바로 좋은 사람을 만나서 교제할 수 있을까요? 더 나쁜 사람을 만나 이용당할 확률이 클 겁니다.

　욕심과 집착 또한 관계를 망치는 원인 중 하나입니다. 사기를 당해서 신혼집을 날린 친구가 시간이 흐른 후 말하더군요. 처음에는 사기꾼이 죽이고 싶을 정도로 미웠는데 생각해보니 자신의 욕심 때문에 사기를 당한 것 같다고요. 세상에 공짜가 없는 법인데 더 빨리, 더 쉽게, 더 많은 돈을 벌게 해주겠다는 말에 욕심이 생겨 상식적으로 이해가 되지 않는 일들을 그냥 넘겼다고요.
　자만 또한 경계해야 합니다. 사람이 망할 때는 경고의 사인이 곳곳에 보이고, 주변에서 우려의 목소리가 들려옵니다. 하지만 자만에 빠지면 그런 것들이 들리지 않습니다. 남의 허물만 보이고 내 잘못은 보이지 않지요. 나중에 돌이켜보면 충분히 실패할만한 이유가 있었음에도 아집과 독선에 빠져 남들이 원하는 것을 보지 못했거나,

남들의 도움 덕분에 이룬 것들까지 내 성취라고 생각하고 힘들 때 도와줬던 이들에게 보상을 인색하게 합니다. 대의명분을 내세우고 사심을 채우려고 하는 것도 남들 눈에 다 보이지요.

　사람들은 다 각자 자기만의 기준으로 매사를 해석하기에 똑같은 일을 겪어도 다 다른 얘기를 합니다. 그런데 특히나 부정적인 감정에 매몰되어 있을 때는 상대방의 마음을 헤아릴 여유는커녕 아무리 좋은 사람이 다가와도 상대의 의도를 나쁘게 해석할 수밖에 없죠. 그러다보니 오해와 갈등이 생기면 상대방을 일방적으로 비난하고 원망할 수 있습니다. 한때 목숨을 줘도 아깝지 않을 정도로 사랑했던 배우자도, 내가 낳은 자식마저도 그렇습니다.

　상대를 비난하기에 앞서 먼저 내 감정을 추스르고 나서 판단을 해도 늦지 않습니다. 세상의 모든 관계는 한 사람이 아닌 두 사람이 함께 만들어온 것이고, 나에게 절반 이상의 책임이 있기 때문입니다. 그렇게 관계가 틀어지고 오해가 생겼을 때는 한 발짝 뒤로 물러설 필요가 있습니다. 지금은 이해할 수 없는 일들이 나중에는 이해할 수 있게 될 테니까요.

　내가 결핍되거나 감정이 치우쳐진 상태라면 잠시 관계 맺기를 멈추는 것도 좋습니다. 그 전의 인연과 경험, 나의 감정들이 갈무리

되지 않으면 앞으로의 인연에 끊임없이 영향을 줄 수밖에 없으니까요. 마음이 좋지 않은 상황에서 새로이 맺은 인연에게 의존하거나 위로를 얻고자 한다면 그 관계 역시 파멸로 끝날 거고, 한번 끊어진 인연을 다시 복구하기는 쉽지 않으니까요.

마음열쇠

한 달에 한 번쯤은 조용히 묵언수행을 해보는 건 어떨까요? 우리는 남들의 쓸데없는 말에는 쉽게 마음이 흔들리면서도 정작 나 자신과 대화는 충분히 나누지 않지요. 고요히 나의 내면을 들여다보세요. 그러면 수많은 생각들이 머릿속에 떠오르겠지요. 생각에 생각이 꼬리를 물다 보면 어느 시점부터 내가 미처 인지하지 못했던 나의 욕구와 상처를 발견하게 됩니다. 고요한 상태에서 그 기억들과 마주하고 엉킨 실타래를 하나씩하나씩 풀어가듯 생각을 풀어보세요. 그러다 보면 예전에는 이해할 수 없었던 것들을, 그때는 생각지도 못했던 상대방의 입장을 조금은 이해할 수 있을지도 모릅니다.

▶
○
◆

내 인생의 주인공 역할,
누구에게 맡기시겠어요?

인생에서 가장 힘든 것 중 하나가 '사람'일지도 모르겠습니다. 일이 힘들어서가 아니라 사람이 힘들어서 회사를 그만두기도 하고, 학창 시절의 왕따 경험이 트라우마로 남고, 사랑했던 사람과 원수가 되고, 믿었던 친구에게 배신을 당하고…. 그렇게 누구나 사람 때문에 아팠던 기억이 있을 겁니다. 누군가 무심코 던진 말 한 마디가 오랜 시간 상처로 남기도 하고요. 하지만 그 때문에 누군가를 (또는 스스로를) 미워하거나 두려워하게 된다면 그 부정적 에너지는 나를 소진시키고 내 삶을 망가뜨립니다.

이렇게 생각해보면 어떨까요? 우리 모두는 인생이라는 드라마에서 주인공 역할을 하고 있습니다. 조연, 단역, 엑스트라를 캐스팅하고 스토리의 전개를 이끌어가는 작가 겸 감독 역할도 내가 하고 있지요. 내가 내 인생의 주인공인 것처럼 남들도 자기 삶의 주인공으로 살아가느라 바쁜데 우리는 종종 모든 사람이 나만 바라보는 양 '남들이 나를 이상하게 생각하진 않을까' '왜 다들 나만 못 살게 구는 거지?' 하는 쓸데없는 걱정으로 스토리를 엉뚱하게 전개하죠.

상사에게 혼이 난 신입사원은 극도의 긴장감과 위축감에 마치 그 상사가 자기만 지켜보고 있다가 괴롭힌다고 생각할 수 있습니다. 사실 그 상사는 자신의 인생드라마에서 단역인 나보다 훨씬 더 비중이 높은 조연급인 사장님 때문에 심기가 불편한 상태에서 생각 없이 한마디 한 것일 수도 있는데 말이죠. 신입사원의 드라마에선 이 상사가 중요한 역할이기 때문에 그 말 한마디가 다르게 받아들여지는 거지요. 나는 내 인생의 주인공일 뿐, 이 세상전체의 주인공은 아닙니다. 어쩌면 사람에게서 오는 괴로움 중 상당 부분은 세상이 나를 중심으로 돌고 있다는 착각에서 비롯된 것 일수도 있습니다.

이런 저런 일들로 누군가를 향한 미움이나 실망, 원망 등의 감

누군가를 향한 미움이나 실망,
원망 등의 감정이 너무 커져서
내 인생이, 내 마음이 휘둘리게 된다면
나는 사실상 그들에게 내 마음의
주인공 역할을 내주고 단역으로
전락한 것이나 다름없습니다.

정이 너무 커져서 내 인생이, 내 마음이 휘둘리게 된다면 나는 사실상 그들에게 내 마음의 주인공 역할을 내주고 단역으로 전락한 것이나 다름없습니다. 특히나 그 주인공이 악당이라면 내 인생드라마는 스토리 따위는 없는 저급한 공포물이나 폭력물로 변질되고, 나는 불쌍한 피해자 역할로 비극적인 엔딩을 맞게 되겠죠. 예를 들어 아버지 때문에 일생을 고통 받으며 살아왔다면, 그래서 지금의 삶이 불행하다고 아버지에 대한 원망을 끊임없이 늘어놓는다면 그 사람 인생의 주인공은 아버지인거죠. 그 사람에게 주인공 역할을 내 준 것은 바로 자기 자신이었던 겁니다.

반대로 내 인생이라는 드라마의 스토리를 자기 마음대로 바꾸려고 하거나 주인공 역할을 하려는 사람들도 있습니다. 주로 연인이나 가족처럼 가까운 사람들이 그렇지요. 예를 들어 자신의 꿈을 포기하고 자식교육에만 매달리는 어머니들의 삶의 주인공은 자신이 아닌 자식인 셈이죠. 그래서 자식의 진로에 간섭하고 공부를 못하면 소리를 지릅니다. 공부 잘 하고 말 잘 듣는 아이를 가진 엄마로서의 자신, 즉 성공한 조연의 스토리를 전개시키는 게 아이의 행복보다 더 중요하거든요. 그래서 주인공이 각본을 따라주지 않으면 화가 나서 이런 대사를 합니다. "내가 너를 어떻게 키웠는데!"

사랑을 소유라고 착각하는 연인들도 그렇습니다. 그들은 사랑한다면 당연히 자신이 상대방 인생의 주인공이 되고 상대는 조연이 되어 자신이 꿈꿔왔던 로맨스 드라마처럼 연애가 착착 진행되어야 한다고 생각합니다. 그런데 그렇지 못하면 왜 나한테 이것밖에 못 해주냐고, 날 사랑하지 않는 거냐고 상대를 원망합니다. 상대방의 사정이 어떻든 간에 주인공인 나의 판타지를 실현하는 게 더 중요하거든요.

피할 수 없는 악당이라면 그들의 인생이라는 드라마를 한번 들여다보세요. 그들에게도 아픈 과거가 있었을 겁니다. 자기 뜻대로 전개되지 못했던 삶의 과정에서 생긴 수많은 상처들과 부정적인 감정으로부터 자신을 보호하기 위해 괴물이 되어 버린 한 사람이 보일 겁니다. 그 사람은 나쁜 사람이 아니고 불쌍한 사람이니 미움 대신 사랑과 용서로 품어 주세요. 그래도 달라지지 않는다면 그 초라한 영혼을 당신 마음속에서 주인공이나 조연이 아닌 엑스트라급으로 강등시키세요. 결단을 내리지 않는다면 남은 인생 역시 불행한 조연으로 살아가게 될 것입니다.

그 사람에게 쓸 에너지를 내 인생이라는 대서사시를 명작으로 만드는 데 사용하세요. 가장 이상적인 시놉시스에 맞춰 '나'라는 주인공의 캐릭터와 행보를, 그리고 그 주인공의 주변에 있어야 할 캐릭터들을 생각해보세요. 위대한 드라마의 주인공은 남의 드라마에 이리저리 어설프게 출연하다가 내 인생의 주인공 역할을 남에게 넘겨주는 실수를 하지 않습니다. 내 인생이라는 드라마는 딱 한 번 방영되니까요.

현재 내 인생이라는 드라마는 어떻게 전개되고 있나요? 주인공인 당신 외에 어떤 조연들이 등장하나요? 앞으로 어떤 스토리들이 전개되어야 할까요? 한번 상상해보세요.

세 번째 방

내 운명의 주인되기

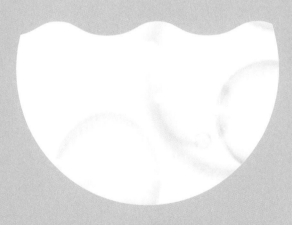

마음스파의 세 번째 방은

'내 운명의 주인되기'입니다.

때때로 운명은 나의 바람이나 노력과 상관없이

우리를 엉뚱한 곳으로 데려다 놓지요.

인생이 내 마음대로 풀리지 않을 때,

삶의 수많은 시련이 나를 휩쓸고 갈때

인생과 싸우지 않고 그 흐름마저

내 편으로 만들수 있는 지혜를

이곳에서 채워드릴게요.

당신은 지금
역치를 높이고 있는 중입니다

한 친구가 있습니다. 알바를 서너 개 뛰어야 했던 저와 달리 공부에만 집중할 수 있었던 그녀는 저보다 훨씬 높은 학점을 받으면서도 공부 때문에 엄청난 스트레스를 받았습니다. 대기업 열 군데에 원서를 냈지만 다 떨어지자 "이제까지 열심히 살아온 내 인생이 부정당한 것 같아."라며 서럽게 눈물을 흘렸습니다. 그리고 열한 번의 도전 끝에 원했던 회사에 들어갔습니다. 하지만 기쁨도 잠시, 직장생활이 이렇게 힘든 건지 몰랐다며 만날 때마다 하소연을 하더니 3년 후 승진했습니다.

연애할 때도 '이 남자 왜 이러는 거냐'며 매일 전화해서 묻던 그녀는 결국 행복한 모습으로 결혼식을 올렸습니다. 결혼 후 애가 생기지 않는다며 괴로워하던 그녀는 마침내 아이가 생기자 입덧을 하는 게 이렇게 힘들지 몰랐다고 하더군요. 출산 후 '아이는 예쁘지만 2시간 마다 깨서 울어대니 잠을 잘 수가 없다, 내가 젖 주는 기계가 된 것 같다'며 하소연을 했습니다. 회사에 복귀해서는 애 키우면서 회사 다니는 것 역시 너무 힘들다고 합니다.

그녀에게만 인생이 가혹했다거나 그녀가 유난히 불평불만이 많은 사람은 아닐 겁니다. 그 순간순간에는 누구나 힘들법한 일들이죠. 그런데 이렇게 쭉 써놓고 보니 누구나 어른이 되면서 겪는 과정이기도 하네요. 취업이 힘든 건 말할 것도 없고 어느 직장을 가나 또라이는 있고, 연애와 결혼이 쉬웠다면 대부분의 사람들은 첫사랑과 결혼했을 겁니다. 태어나자마자 "엄마는 쉬세요!" 하면서 알아서 밥 챙겨 먹고 8시간 내리 자는 아이는 이 세상에 없습니다. 동서양을 막론하고 애 키우기 힘들고 일과 육아를 병행하면 더 힘든 게 당연한 일이겠죠.

어쩌면 이 모든 과정은 우리가 초등학교 때 숫자를 익힌 후 덧셈뺄셈을 배우고 구구단을 외우고 이후에 방정식을 배운 후 미적분을 배운 과정과 비슷하지 않을까요? 그때는 정말 너무 어렵고 힘들었는데 나중에 지나고 보면 너무나 쉽고 당연한 것이듯 말이죠. 마찬가지로 태어나서 처음 겪는 모든 일은 어렵고 막막하고 힘든 게 당연합니다. 온 신경이 집중되는 만큼 뇌가 긴장되고 새로운 근육을 써야 하기 때문입니다.

맨 처음 운전을 할 때는 온 정신을 100% 운전에 집중해도 부족합니다. 신호에 걸려 정차했을 때 오히려 안도감이 들고, 누군가가 경적을 울릴 때마다 '나한테 그러는 건가?' 제발이 저려서 가슴이 조마조마하죠. 끼어들기 할 땐 얼마나 신경이 쓰이는지 계속 눈치만 보다가 결국 엉뚱한 길로 돌아가기도 합니다. 주차를 반듯하게 하기 위해 수십 번 앞뒤로 왔다 갔다 하기도 하지요. 그런데 운전이 익숙해지면 운전하면서 음악도 듣고 통화도 하고 커피도 마시고, 신호대기 때는 화장까지 하는 경지가 됩니다. 운전이 익숙해지고 이 활동이 뇌의 50% 정도만 차지하면서 50% 정도의 여유가 생기니까요.

그런데 이렇게 새로운 경험을 할 때 어떤 사람은 더 힘들어하고, 어떤 사람들은 수월하게 받아들입니다. 아마도 사람마다 '역치'가 다르기 때문일 텐데요. 역치란 생물이 외부환경의 자극에 대해 어떤 반응을 일으키는 데 필요한 최소한의 자극의 세기입니다. 같은 크기의 자극을 지속적으로 받으면 역치가 올라가서 더 큰 자극을 주기 전에는 자극을 느끼지 못하는 경우가 생기는데 이를 감각의 순응이라고 합니다.

예를 들어 20kg의 역기를 들던 사람이 10kg을 들면 가볍다고 여기는 반면 10kg을 들던 사람이 20kg을 들면 살면서 한 번도 느껴보지 못한 엄청난 무게로 느낍니다. 마찬가지로 산전수전 겪어본 사람 입장에서는 웬만한 일로는 힘들다 느끼지 않지만 그렇지 않은 사람 입장에서는 모든 게 힘들 수밖에 없습니다. 그래서 어떤 사람은 10의 강도도 아프다고 비명을 지르는 반면 어떤 사람은 100의 강도를 느껴도 묵묵히 참을 수 있는 것입니다.

이에 대한 유일한 해결책은 아예 역치를 더 높여버리는 것입니다. 운전이 힘들다고 징징댄다고 운전이 쉬워지는 것이 아니라 운전을 많이 해서 뇌가 익숙해져야 쉬워지는 것처럼요. 첫째 아이를 키울 때는 죽을 것처럼 힘들다고 호소하던 엄마들이 둘째를 키울 때는 훨씬 수월하다고 말하는 것도 같은 이치입니다. 즉 많은 경험을 할수록 다른 일들이 상대적으로 쉬워집니다. 물론 갑자기 너무 큰 자극을 주면 겁먹을 수 있으니 단계별로 역치를 높이면 한결 수월하겠죠.

'힘들다'라는 말의 어원은 '힘이 들어온다' 입니다. 즉, 힘을 씀으로써 더 큰 힘을 가지게 되는 것이지요. 운동을 할 때 조금씩 무게를 올려 지금의 근육을 찢어놓으면 근육이 다시 붙는 과정에서 조금 더 커지듯, 마음근육도 조금씩 키워두면 훨씬 더 큰 일이 닥쳐도 흔들리지 않을 수 있지 않을까요? 새로운 경험을 하는 것을 부정적으로 받아들이지 말고 '나는 내 인생의 역치를 높이고 있다'고 생각해보세요.

요즘 당신은 무엇의 역치를 높이고 있나요?

▶
○
◆

"이렇게까지 해야 돼?"라는 생각이 들 때
변화는 시작됩니다

결혼을 앞둔 친구를 오랜만에 만났습니다. 신혼집은 어디에 구했냐고 묻자 그 친구는 깊게 한숨을 내쉬었지요. 그는 서울 아파트 값이 얼마나 비싼 줄 아느냐, 부모님 도움 없이 내집 마련은 꿈도 못 꾼다며 한탄했습니다. 한참동안 부잣집에서 태어나지 못한 것을 한스럽게 이야기하는 그 친구의 이야기를 듣다못해 저는 돌직구를 던졌습니다.

"내가 아는 동생은 남편 월급 200만원에 애가 셋인데 곰팡이 가득한 반지하방에서 살면서 죽어라고 돈을 모았어. 외식은 한 달에 한 번, 그것도 비지를 얻어오려고 두부 집에만 갔고. 그렇게 아끼고 모아서 6년이 지난 지금은 아파트를 15채 갖게 되었다네."

그러자 그 친구는 정색을 합니다.

"아니, 사람이 어떻게 그렇게 살아? 난 그렇게 못해."

"하고 싶은 거 다 하고 살면서 어떻게 돈을 모아? 네 SNS보니까 주말마다 맛집 순례하고 여행 다니더라. 너보다 소득이 훨씬 적은 사람이 절약하고 살 때 너는 하고 싶은 거 다 했으니 부모님 탓은 하지마."

제 말을 들은 친구의 표정은 그다지 밝지 않았습니다. 돈은 모으고 싶지만 궁색하게 절약하기는 싫은 게 인지상정이니까요. SNS에 식스팩을 자랑하거나 호화로운 해외여행을 다니는 친구들 보면 시기질투가 나지만 그 몸을 만들기 위해 몇 달 간 운동하며 닭가슴살과 고구마만 먹고, 여행 한 번 가기 위해 몇 달을 야근해서 힘들게 돈을 모은 과정을 따라 하기는 싫지요.

세상 모든 일이 결과만 보면 다 쉬워 보입니다. 마치 조기 축구회에서 공 좀 찬다는 사람이 TV로 월드컵 생중계를 볼 때 국가대표 선수들한테 "바보들, 왜 저거 밖에 못해!"라고 소리를 지르지만 막상 국가대표 한 명만 만나서 공을 주고받아 보면 그 실력을 알게 될 겁니다. 일주일에 한 번 운동하는 사람과 평생을 필사적인 각오로

해온 사람이 같을 수 없습니다.

그런데 우리는 너무나 쉽게 자기 자신을 과대평가하고, 남들을 과소평가합니다. 그래서 남들만큼 노력은 하지 않으려 하면서 남들만큼의 결과를 원합니다. 똑같이 살지 않았으면서도 결과의 평등을 원하니까 화가 납니다. 하지만 스스로에게 물어보세요. 내가 정말 최선을 다했는가? 지금의 내 삶을 뛰어넘을 정도로 치열하게 노력해본 적이 있는가? '이만하면 되겠지' '나름대로 열심히 했어'라는 변명을 하면서 최소한의 노력으로 최대한의 결과를 얻으려는 것은 욕심이 아닐까요?

세상에는 공짜가 없습니다. 중·고등학교 내내 게임만 했다면 원하는 대학을 갈 수 없고, 대학 시절 놀았다면 좋은 직장에 들어가기 힘들겠죠. 운동은 안 하고 매일 기름진 음식에 술을 퍼마시면 몸짱이 될 수 없고 열심히 돈 쓰고 다녔는데 부자가 될 수는 없습니다. 우리의 현재 삶은 과거에 우리가 살아온 결과로 나타나는 것이니까요. 물론 편법으로 좋은 대학에 가거나 좋은 직장에 가고, 부모님께 물려받은 돈으로 잘 먹고 잘 사는 사람도 극소수 있겠지요. 하지만 그렇게 쉽게 주어진 것들이 쉽게 유지될까요? 편법으로 좋은 직장에 들어가면 낙하산이라고 왕따를 당하게 되고, 노력 없이 쉽게 큰 재산을 상속받은 사람들 치고 그 재산을 제대로 지키는 사람은 많지 않습니다.

　제가 대학교 때 과외를 했던 남학생 역시 정보에 밝은 부모님 덕분에 대입 제도의 허점을 찾아 자기 실력보다 훨씬 더 높은 대학에 합격했습니다. 다들 부러워했지만 막상 대학에 진학하자 수업을 따라가지 못해 큰 어려움을 겪었습니다. 기본적인 수학의 개념이 없어서 남들이 대학수업을 들을 때 다시 고등학교 수학 과외를 받아야 했지요. 그리고도 한동안 학업스트레스로 우울증에 걸릴 정도로 힘들어 했습니다. 처음에는 쉽게 주어졌을지 몰라도, 나중에 그에 대한 대가를 톡톡히 치르는 것입니다.

　근력운동을 처음 시작했을 때는 너무 힘들었습니다. 다음 날 아침 온몸이 욱신거리고 심할 때는 걷기도 힘들었습니다. 하지만 조금씩 몸매가 잡히고 살이 빠지니 신나게 운동을 하게 되더군요. 그런데 몇 달이 지나 매번 똑같은 운동을 반복하자 더 이상 살도 빠지지 않고 운동도 재미가 없어졌습니다. 그래서 에라 모르겠다 싶어 운동을 쉬었습니다. 그러고 나니 당연한 이야기지만 다시 군살이 붙기 시작하더니 운동을 시작하기 전의 몸무게로 돌아가 버렸습니다. 운동을 하니 그나마 그 몸을 유지하고 있었던 것이고, 안하니까 다

어쩌면 지금 당신이 하는 것은
'현상 유지'를 위한 최소한의 노력이 아닐까요?
'내가 이렇게 까지 해야 돼?'라는
말이 튀어나올 때까지 해보세요.
그때부터 삶의 변화가 시작됩니다.

시 나빠진 것이지요. 결국 제가 하고 있었던 운동은 어느 정도의 몸을 '유지'하기 위한 최소한의 노력이었던 것이지요.

내 딴에는 열심히 산다고 하는데 왜 인생이 달라지지 않을까 의문이 된다면 생각해보세요. 어쩌면 지금 당신이 하는 것은 '현상 유지'를 위한 최소한의 노력이 아닐까요? 정말 인생이 달라지기를 원한다면 지금보다 훨씬 더 많은 투입이 필요합니다. 운동으로 치면 덤벨이나 기구의 무게를 올리고 새로운 운동을 시도하는 것처럼요. 지금 버는 돈으로 부자가 될 수 없다면 독하게 절약을 하거나 자기계발에 매진해 이직이나 승진을 해서 연봉을 올리는 것과 같은 삶의 전환점을 만들어야 합니다. 현상 유지를 위한 노력만 계속하면서 변화를 기대할 수 없으니까요.

우리의 몸은, 삶은, 돈은 생각보다 정직합니다. 당신의 현재는 당신 과거 노력의 합이지요. '남들만큼' 살고 싶다면 '남들만큼' 또는 그 이상의 노력을 하세요. 거기서 한 발짝 나아가 '내가 이렇게 까지 해야 돼?'라는 말이 튀어나올 때까지 해보세요. 그때부터 삶의 변화가 시작됩니다.

운이 좋은 사람들은
운이 좋을 때까지 시도한 사람들입니다

제가 대학교 1학년 때 '대만에서 온 버블티'를 판매하는 독특한 가게가 신촌에 생겼습니다. 새콤달콤한 밀크티에 쫄깃쫄깃한 타피오카 젤리가 들어있는 이 신비로운 음료를 마셔보고 신세계를 맛 본 저는 단골이 되었지만, 그 가게는 장사가 잘 되지 않아 1년 만에 문을 닫았습니다. 그런데 10년이 지나 잊고 있었던 버블티가 전국적으로 유명해지면서 웬만한 동네에서 찾아볼 수 있는 유명 체인도 생겨났습니다.

2000년대 초에 버블티 가게를 했던 사람은 시대를 너무 앞서

갔던 걸까요? 버블티가 뒤늦게 성공한 가장 큰 이유는 해외여행이 일상화 되고 대만을 다녀온 사람들이 많아지면서 버블티를 현지에서 접해본 사람들이 많아졌기 때문이 아닐까 싶습니다. 2000년대 초반에는 대만이라는 나라조차도 생소했으니까요. 이렇게 한 개인의 노력만으로 새로운 트렌드를 만든다는 것은 쉬운 일이 아닙니다. 시대의 흐름과 대중들의 요구, 신선한 아이디어의 3박자가 딱 맞아야 하니까요.

그러고 보면 노력 없이 되는 일도 없지만 노력만으로 되는 일도 없습니다. 추운 겨울에 나 혼자 아무리 열심히 농사를 짓는다고 곡식이 잘 자랄 수 없는 것처럼 시기도 맞아야 하고 운도 어느 정도 따라야 하지요. 제가 고등학교 때 죽어라 노력해서 원하는 대학을 갔던 것은 사실이지만 만약 당시에 부모님이 아파서 제가 간병을 해야 했다면 공부에 집중할 수 없었을 겁니다. 그리고 암도 조기 발견 했기에 빨리 수술을 받고 꿈목록을 써서 인생을 반전시킬 기회가 있었던 것이지 말기 상태에서 발견했다면 어떻게 손을 쓸 수가 없었을 겁니다.

우리 눈에 잘 보이지 않지만 다른 사람들의 도움도 절대적입니다. 제가 골든벨을 울린 것도 저 혼자 잘나서 울린 게 아니라, 그 프로그램을 유치하기 위해서 서울에 세 번이나 찾아가서 제작진을 설득하신 교장선생님이 있었고, 출연하지 않겠다는 저를 억지로 불러내신 선생님이 있었기에 가능한 것이었습니다. 제가 책이나 방송을 통해 많은 분들께 사랑받을 수 있었던 것도 저 혼자만의 노력 뿐만 아니라 제 책을 출간해준 출판사의 많은 분들, 저를 대중에게 소개해주신 방송관계자와 기자 분들, 그리고 저를 응원해주신 독자들이 있었기 때문입니다.

저는 심심할 때마다 백과사전을 보면서 다양한 인물들의 일대기를 살펴봅니다. 보다보니 누구나 알만한 슈퍼스타도 모든 앨범이나 영화를 성공시킨 경우는 없다는 것을 알게 되었죠. 또 어떤 사람은 일이 풀리지 않아 수년에서 수십 년을 무명으로 힘들게 살다가 뒤늦게 대중에게 알려지고 사랑받는 경우도 있습니다. 고흐 같은 경우는 심지어 죽고 나서 전성기가 왔으니까요. 반대로 처음에 반짝하고 떴다가 한번에 꺾여서 재기하지 못하는 경우도 종종 있습니다.

우리가 무언가를 이루기 위해 노력할 때 어떤 사람은 첫 번째 시도에 행운이 들어오는 반면 어떤 사람은 80번째 시도에 들어오기도 합니다. 그래서 분야를 막론하고 성공하는 사람들은 꾸준히 시도해왔던 사람들일 수밖에 없습니다. 누군가는 34번째의 시도에, 누군가는 92번째 시도했을 때 운이 들어와서 원하는 바를 이룬 것입니다. 그들이 성공하고 나서야 우리가 알게 된 것뿐 그들은 오랜 시간 보이지 않는 곳에서 끊임없이 도전해왔지요.

그런데 초반에 운이 좋았거나 남들이 도와줘서 일이 잘 풀린 사람들은 자기 혼자만의 능력으로 모든 걸 이뤘다고 착각합니다. 그래서 당연히 계속 이 정도로 일이 잘 풀려야 한다고 생각하고 그렇지 않으면 화를 내지요. 또 일이 안 풀리는 다른 사람들을 보면서 노력하지 않아서 그렇다고 쉽게 추측하고 판단합니다. 아직은 그 사람의 노력에 걸맞는 운이 들어오지 않았기 때문일 수도 있는데 말이죠.

작은 성취를 한 사람은 그것을 자신의 실력이라 여기고 기고만장하지만 큰 성취를 해본 사람은 그것이 하늘의 뜻이라는 것을 알고 겸허히 받아들입니다. 살다보면 운이 좋아서 10의 노력을 하고도 100을 얻는 경우도 있고, 운이 나빠서 100의 노력을 했는데 10을 얻는 경우도 있습니다. 하지만 내가 운이 좋다고 자만할 필요도 없고, 운이 나쁘다고 좌절할 것도 없습니다. 대부분의 사람에게 평생에 걸쳐 주어지는 운은 고만고만한 것이라 이번 일에서 운이 좀 없었어도 다음 일에서는 운이 더 좋을 수도 있으니까요.

하지만 많은 사람들은 처음 몇 번 운이 없어 원하는 것을 이루

지 못하면 아예 포기해버립니다. 그래서 나중에 99%의 운이 들어
와도 1%의 노력을 하지 않아 기회가 온 것도 모르고 흘려보내는 경
우도 많습니다. 그러니 결국 우리가 해야 할 것은 두 가지입니다. 포
기하지 않고 운이 들어올 때까지 시도하는 것. 그리고 운이 들어왔
을 때 최대한 겸손할 것.

마음열쇠

내가 좋아하는 유명인들이나 롤모델들의 일대기를 한번 보세요. 그들은
몇 번째 시도에 행운이 들어왔나요?

우리 '모두'는
특별합니다

몇 년 전, 지인이 거금을 들여 호텔에서 큰 행사를 열었습니다. 당시의 저는 수많은 강연과 방송 스케줄 등으로 매우 바빴지만 그녀를 응원하고자 어렵게 시간을 내어 참석했습니다. 현장에 도착한 저는 '일반인'이라고 쓰인 티켓을 받고 무대 뒤쪽의 불편한 의자에 앉아서 행사를 관람했습니다. 점심시간이 되어 다른 지인들이 원탁테이블에서 풀코스 만찬을 즐기는 동안 저는 차가운 샌드위치를 받아 복도에서 먹었습니다. 그런데 자꾸 사람들이 저를 알아보며 인사하자 창피한 기분이 들었습니다. '도대체 무슨 기준으로 저 사람들은

VIP, 나는 일반인으로 분류한 거지? 그냥 샌드위치 버리고 가버릴까?' 하는 옹졸한 생각까지도 들었습니다.

그런데 얼마 후 이 행사를 주최한 지인이 곱게 드레스를 입고 모든 사람의 환호를 받으며 등장하는 모습을 보자 '오늘의 주인공은 그녀로구나' 하는 생각이 퍼뜩 들었습니다. 그리고 그 순간 착각에서 깨어날 수 있었지요. 어쩌다보니 수많은 무대에 서서 사람들의 주목을 받고, 많은 매체에 출연했다 뿐이지 저는 제 인생의 주인공일 뿐, 제가 가는 모든 곳마다 주인공 대접을 받을 수 없다는 사실을 잊고 있었던 거지요.

그리고 얼마 후 유튜브 크리에이터들이 참석한 콘퍼런스에 참여했습니다. 그곳에 참여한 사람들은 제가 생전 들어보지도 못한 유튜버들에게 환호하며 함성을 지르고 있었지요. 저로서는 그저 놀랍고 신기할 따름이었어요. 그러나 그분들이 몇 년 간 수천 개의 영상을 만들어 왔고 수백만의 구독자를 확보했다는 이야기에 고개를 끄덕일 수밖에 없었습니다. 제가 TV도 보지 않고 타인에 대해 별로 관심도 없어서 세상에 대단한 사람이 얼마나 많은지 몰랐던 거지요.

그때부터 저는 여러 모임에 나가기 시작했고 특히 창업가들 모임에 나가면서 적잖은 충격을 받았습니다. 나만 치열하게 살아온 줄 알았는데, 세상에는 똑똑하고 대단한 사람들이 너무 많았습니다. 온갖 분야마다 내로라하는 고수들이 있더군요.

제가 그렇게 특별한 사람이 아닐 수도 있다는 자각을 하고 나자 제 일상은 달라졌습니다. 버스를 타기 시작했고 문화센터에 가서 동네아줌마들과 함께 취미수업을 들었습니다. 지나가다 알아보는 사람이 있어도 수더분하게 인사드렸지요. 누가 특별대접을 해주려고 하면 '제가 뭐라고' 하면서 마다했습니다. 나는 내 인생의 주인공이지만 그들은 그들 인생의 주인공이므로 우리 모두는 동등한 주인공이니까요.

우리 모두는 특별합니다. 여기서 중요한 단어는 '모두'이지요. 자존감이 낮아도 문제가 되지만 자의식이 너무 강한 것도 문제입니다. 나를 소중히 여기는 만큼 남도 소중히 여겨야 원만한 인간관계를 유지할 수 있으니까요. 나만 잘났고, 나만 잘되어야 하고, 나만 주인공이어야 하고, 남들이 내 뜻대로 움직여줘야 하고, 상황이 내 맘대로 되지 않으면 화가 나고… 내가 필요할 때는 남들에게 도움을 받고도 고마워하지 않는 사람들은 왜 주변 사람들이 자신을 떠나가는지 이해하지 못합니다.

특히 성취지향적인 사람들이 한 가지 목표에 너무 몰입하면 시야가 좁아집니다. 그래서 이 일이 내게는 우선순위지만 다른 사람에게 우선순위가 아니라는 사실을 쉽게 까먹습니다. 남들의 협조를 끌어내려면 그들 입장에서도 이 일을 하고 싶어야 합니다. 사람이 한 번은 도울 수 있지만 무한정 도울 수는 없으니까요. 돈을 준다고 기계처럼 일할 수 있는 것도 아닙니다. 그들에게 무엇이 중요한지, 어떤 삶을 살고 싶은지, 그들의 고민을 이해하고 진심으로 돕고자 할 때 그들의 마음도 열리지요.

자신의 능력에 대해 긍정적으로 착각하는 것은 목표를 이루고 성과를 내는데 큰 도움이 됩니다. 그런데 그 착각이 지나쳐 나만 특별하다 여기고 대접받으려 하거나 다른 사람을 무시하고 이용하는 것은 독입니다. 마찬가지로 남들이 다 힘들어도 나는 힘들지 않아야 한다는 착각, 남들이 실패해도 나는 실패할리가 없다는 오만 역시 우리의 발목을 붙잡는 덫이 됩니다. 나도 남들도, 똑같이 소중하고 특별합니다. 그러니 나라는 거대한 에고를 조금 내려놓고 나를 대하 듯 타인을 존중해주세요.

베푼 것은 10%만,
받은 것은 10배로 기억하세요

애정을 많이 쏟았던 복지기관이 있었습니다. 그래서 물심양면으로 제가 도울 수 있는 모든 방법을 동원해 그 기관을 도왔습니다. 한 번은 돕기로 했던 프로젝트 기간 동안 몸이 너무 아팠습니다. 하지만 그들을 걱정시키고 싶지 않아서 아프다는 말을 하지 않은 채 며칠 밤을 새워 제가 약속한 것을 마무리해주었습니다. 너무 무리한 탓에 면역력이 떨어진 저는 3주를 더 앓았고, 정작 제 일은 하지 못했습니다.

저 뿐만 아니라 많은 분들의 노력 덕이겠지만 그 기관은 목표치를 달성했고, 저는 담당자로부터 '감사합니다!'라는 한 마디의 메

세지 외에 별다른 연락을 받지 못했습니다. 그리고 나서 그 담당자의 SNS에 엄청난 장문의 글이 올라왔습니다. 독실한 기독교인인 그가 프로젝트의 성공을 자축하면서 '역시 우리 하느님이 역사하셨다. 하느님은 내가 해달라는 대로 다 해주신다'는 내용이었고 댓글 역시 다들 '우리 하느님!' 하는 분위기였지요.

건강까지 해쳐가면서 그의 목표를 이뤄준 저는 그저 황당할 뿐이었습니다. 물론 그의 기준에서는 하느님이 저를 시켜서 도와주었다고 생각할 수도 있지만 나약한 인간에 불과한 저는 3주 동안 병원까지 다니면서 고생했으니까요. '하느님이 아니라 나한테 고마워해야 하는 거 아닌가?' 하는 마음에 무척이나 서운했고, 이후 그 기관을 더 이상 돕고 싶지 않았습니다.

그런데 시간이 흘러서 깨닫게 되었습니다. 제가 좋은 일을 하는 이면에는 '역시 수영 씨는 좋은 사람이에요' 라는 말을 듣거나 '수영 씨 아니었으면 어쩔 뻔 했어요'와 같은 인정을 받고 싶은 욕심이 솔직히 있었다는 것을. 어찌 됐든 좋은 마음에서 시작한 일이고 결과적으로 프로젝트가 성공으로 끝났으니 인정받고 싶은 저의 욕심이 채워지지 않았다고 해서 상대에게 서운해 한 것은 참으로 어리석은 생각이었습니다.

돌이켜보니 저 역시 정말 많은 사람들에게 도움을 받았는데 그

것을 까맣게 잊고 살았다는 것을 뒤늦게 깨달았습니다. 결국 여기서 도움을 받은 것이나 저기에 도움을 준 것이나 상쇄해보면 다 비슷비슷한 만큼의 감사한 일들인데, 사람의 기억이란 참으로 이기적인 것이어서 내가 베푼 것은 하나도 빠짐없이 구체적으로 기억하면서 받은 것은 상대적으로 축소합니다. 부자 친구에게 늘 밥을 얻어먹으면서 '저 친구는 돈이 많으니까 매번 얻어먹어도 괜찮아'라고 생각하는 반면 나보다 형편이 못한 다른 친구에게는 '저번에도 이번에도 내가 밥을 사는데 고마워하고 있기는 한가?' 하고 불쾌해하는 것처럼요.

　　이렇게 대부분의 사람들이 다들 자기 입장에서 생각하는 이유는 애초에 우리가 상대에게 바라는 기대치가 다르기 때문일지도 모릅니다. 고객들은 맛있고 건강한 음식을 저렴한 가격에 먹으려고 하고, 식당 사장은 최대한 원가가 적게 들면서 비싼 음식을 팔고 싶어 합니다. 회사 경영주들은 최소한의 돈을 주고 최대한 일을 해주는 직원들을 원하는 반면 직원들은 최소한의 일을 하고 최대한의 돈과 복지를 누리고 싶어 합니다. 다들 이렇게 자기가 바라는 것, 자기가 해준 것만 생각하는 것이 다르니 갈등이 생기는 것도 당연합니다. 그래서 제가 아는 어느 회사의 대표님은 다른 사업가들에게 조언합니다. 아무리 똑똑한 직원이라도 그 회사를 창업한 사람의 열정이나 역량의 10%만 발휘해줘도 감사한 것이라고.

사람의 인지구조가 그러하니 억지로라도 내가 베푼 것은 잊으려는 노력을 해야 합니다. 《보왕삼매론》에는 '공덕을 베풀면 과보를 바라지 말라'는 내용이 나옵니다. 이미 베풀었다면 또는 베풀 예정이라면, 진심으로 아무것도 바라지 마세요. '고맙다'는 말조차도 바라지 마세요. 도저히 그게 안 되겠다면 내가 베푼 것은 10%으로 축소시켜 기억하세요.

누군가로부터 도움을 받았을 때는 단순히 '고맙습니다'라는 한마디보다는 최대한 구체적이고 즉각적으로 감사 인사를 전하면 어떨까요. 그리고 주변 사람들에게 이 고마운 마음을 10배로 확대해서 말하고 다녀보세요. 그러면 내 마음이 기쁨으로 채워지고 더 감사할 일들이 생길 것입니다.

이제까지 살면서 가장 큰 도움을 주신 다섯 사람에게 감사의 연락을 해보세요.

모든 것은
내가 의미부여하기 나름입니다

저는 어쩌다보니 수많은 사람들에게 환호를 받는 스타강사가 되었습니다. 이런 직업이 있는 줄도 몰랐는데 운이 좋아 다른 분들이 수년을 노력해도 이루기 힘든 꿈을 한 번에 이룬 셈이지요. 생각지도 못하게 높은 강연료를 받게 되자 욕심이 생겼습니다. 전혀 노후대책이 안 되어 있던 부모님을 위해서 1년 동안 죽어라고 돈을 벌기로 했죠. 그래서 원래 3개월 간 한국을 방문했던 저는 1년 더 머물며 하루에 세 번씩 전국을 돌면서 똑같은 강연을 무한 반복했습니다. 나중에는 몸과 영혼이 탈탈 털려서 번아웃증후군(Burnout Syndrome 일에 몰두하던 사람이 극도의 정신적, 신체적 피로감을 느끼며 무기력해지는 현상) 과 경미한 공황장애 증상까지 보이게 되었습니다. 몸이 힘드니 내 가 부모님 때문에 고생한다는 생각에 화가 나고 제 자신이 처량하 게 느껴졌습니다.

그래서 다시 1년 동안 세계일주를 떠나 혼자만의 시간을 보내 며 어느 정도 에너지를 충전시키고 나니 무척이나 무대가 그리워지 더군요. 그리고 강연에 대한 생각도 달라졌습니다. 많은 사람들이 귀한 시간을 내서 내 이야기를 들어주고 박수쳐주고, 돈까지 받는 이런 감사한 일이 세상에 또 있을까!

저는 초심으로 다시 돌아와, 강연 횟수를 줄이되 대신 그 강연 에서 만나는 분들께 더 많은 에너지를 나누기로 결정했습니다. 똑같 은 내용을 앵무새처럼 무한반복하기 보다는 '오늘 오실 분들은 어 떤 고민이 있을까? 그분들께 어떤 이야기를 해드려야 할까?'를 고민 하고, 거기에 맞춰 강연의 내용과 에너지를 준비했지요. 그러자 청 중들의 진심과 열정을 절절히 느낄 수 있었고 그 사랑에 대한 감사 가 제 마음을 가득 채웠습니다. 신기하게도 이런 제 진심을 사람들 도 다 알아주더군요. 분명히 똑같은 일을 하는데 이 일에 대한 의미 를 달리하자 제 마음가짐이 달라지고 사람들의 반응도 달라진 것 입니다.

언어는 우리의 사고를 규정짓습니다.
현재의 삶이 고통스럽다면
그 고통에 긍정적인 이름을 붙여주세요.

의미부여의 중요성은 우리가 매일같이 하고 있는 일에도 적용됩니다. 신입사원 때 커피, 복사 심부름 많이 하지요? 그럴 때 '내가 고작 커피 타려고 그렇게 열심히 공부해서 좋은 대학 나오고 스펙 쌓았나'라고 생각하면 자존감이 무너지고 화가 부글부글 끓겠죠. 반면에 '오늘은 우리 팀에게 어떤 커피로 향기로운 아침을 선사할까? 에티오피아 예가체프? 아니, 콜롬비아 수프리모?' 하면서 기쁜 마음으로 커피를 대접할 수도 있는 것입니다. 이렇게 생각하면 내 마음이 달라지고 거기서 뿜어져 나오는 긍정적인 에너지로 인해 주변 분위기도 달라집니다.

내가 하는 일이 아무리 작더라도 큰 의미를 찾아보세요. 예전에 로열더치쉘에 근무하던 시절 TV에서 극장에 영화 필름을 배송하는 분의 인터뷰를 우연히 보았습니다. 그는 자신의 일을 '배송'이라고 하지 않고 '나는 많은 사람들의 영감과 노력으로 만들어진 창작품을 세상에 최종적으로 전달하는 일을 하고 있다'고 하더군요. 이에 깊은 인상을 받은 저는 내가 단순히 기름 파는 회사에 다니는 것이 아니라 '사람들이 꿈을 실현하는 일터와 사랑하는 가족들이 있는 집, 그리고 새로운 발견과 도전이 기다리는 여행지로 이동할 수 있도록 돕고 있다'라고 의미를 부여했습니다.

단순 반복되는 일상도 마찬가지입니다. 설거지를 할 때도 '나는 과거에 지은 업보를 씻고 있어'라고 생각한다거나 빨래를 할 때도 '깨끗한 옷을 입고 나가면 좋은 인연을 만날 거야' 하고 의미부여를 해보세요. 경제적으로 무능한 남편을 둔 제 지인은 "못난 남편 때문에 내가 이 나이 먹도록 고생이야."라는 말 대신 "가족을 부양하기 위해 열심히 일하다보니 멋진 커리어를 쌓게 되었어."라고 말하며 매일 남편에게 감사한다고 합니다. 이렇게 똑같은 상황이지만 어떤 의미를 부여하느냐에 따라서 상황은 완전히 다르게 느껴집니다.

똑같은 상황을 겪고도 우리는 다른 의미를 찾아냅니다. 저는 부모님이 싸우는 것을 보고 자라며 '결혼은 고통'이라 생각했던 반면 제 여동생은 '나는 꼭 행복한 가정을 이루고 사랑받고 살 거야'라고 결심했다고 합니다. 그래서 저보다 훨씬 더 빨리 결혼해 남편 뿐 아니라 시부모님의 사랑을 듬뿍 받으며 어린 시절의 애정결핍을 치유하고 예쁜 아이들도 낳아 잘 키우고 있습니다. 그래서 저도 부모님을 원망했던 제 마음을 반성하고 '우리 엄마아빠는 나를 강하게 키우려고 본인들의 삶을 희생하신거야'라고 생각하기로 했습니다. 그러자 부모님께 미안하고 감사한 마음이 들더군요.

언어는 우리의 사고를 규정짓습니다. 현재의 삶이 고통스럽다면 그 고통에 긍정적인 이름을 붙여주세요. 똑같은 상황일지라도 의미를 찾아주면 이를 받아들이는 나의 태도는 완전히 달라집니다. 나아가 내 인생에도 의미를 찾아주면 훨씬 더 가치 있는 삶이 될 수 있지 않을까요?

마음열쇠

요즘 당신을 힘들게 하는 것은 무엇인가요? 그것에 어떤 의미를 찾아 줄 수 있을까요?

당신의 스토리는
거기서 끝난 것이 아닙니다

때로는 최선을 다해 노력했음에도 처참한 실패를 맛볼 때가 있습니다. 성공은 대개 경쟁의 과정을 수반하고, 그 경쟁을 모두가 이길 수는 없으니까요. 예를 들어 가수를 꿈꾸는 사람이 전국에 10만 명쯤 있고 그중 3만 명 정도가 실제로 오디션에 도전해 300명이 약 100여 개 회사의 연습생으로 뽑힌다고 칩시다. 최선을 다해서 오디션을 보는데도 계속 떨어지는 2만 9,700명은 '내 재능이 부족한 걸까, 이 길은 내 길이 아닌 걸까?' 하는 온갖 생각에 사로잡힙니다. 하지만 오디션 합격발표가 난 순간에 모든 것이 결정되었다 생각했다면 큰 착각이죠.

5년이 지났습니다. 오디션에 합격했던 300명 중 100명 정도
가 데뷔를 해서 30명 정도는 약간의 주목을 받고, 10명 정도가 스
타의 반열에 오른 후 3명 정도가 톱스타의 위치에 도달하겠죠. 연습
생이 되었지만 이런저런 이유로 끝끝내 데뷔를 못하거나 붕 뜬 사
람도 있는 반면 기획사 오디션에 떨어진 2만 9,700명 중 TV 오디
션이나 SNS를 통해 자신을 알리고 가수로 데뷔하는 사람도 있겠고
요. 데뷔를 했어도 자신이 원하지 않는 음악이나 이미지 콘셉트 때
문에 괴로워하는 사람도 있고, 톱스타가 되었지만 예상치 못한 루
머와 악플 때문에 고통 받는 이도 있습니다. 이렇듯 많은 이들을 누
르고 한 단계의 성공을 이뤘어도 그 다음 단계를 성공시키는 것은
쉽지 않지요.

10년이 지났습니다. 계속 새로운 경쟁자가 시장에 진입하는 와
중에 이전의 10만 명 중 단 1명만이 톱스타의 위치를 유지하고 있습
니다. 그렇다면 나머지 9만 9,999명의 삶은 실패일까요? 아니요, 그
들은 각자의 길을 찾아갑니다. 뮤지컬 배우, 보컬트레이너, 프로듀
서, 작곡가 등 관련 업계 진출뿐만 아니라 선생님, 바리스타, 창업가,

주부 등 전혀 다른 분야에서 길을 찾는 사람도 있을 겁니다. 끝내 데 뷔는 못했지만 해외진출을 위해 배웠던 외국어를 써먹는 일을 하게 된 사람, 소속사와의 지루한 소송 끝에 법에 대해 직접 알기 위해 로 스쿨에 진학해 변호사가 된 사람처럼 실패의 경험이 새로운 길을 열 어준 케이스도 있을 겁니다. 즉 십만 명이 십만 가지의 방식으로 자 신의 삶을 창조해나가는 것이죠. 한순간의 성패를 놓고 누가 더 성 공한 삶이고, 누가 더 행복한 삶이라고 규정지을 수 없는 것입니다.

가수를 예로 들었지만 모든 꿈이 마찬가지입니다. 내가 보기에 멋진 일은 남이 보기에도 멋져 보이기에 경쟁은 치열하고 바늘구멍 같은 경쟁률을 뚫고 성공하는 사람은 극소수에 불과합니다. 톱스타 같은 거창하고 화려한 꿈이 아니더라도 누구나 원하는 명문대 입 시, 대기업 입사, 각종 고시, 사업, 승진 또한 마찬가지죠. 실패의 순 간 우리는 여러 가지 감정에 휩싸입니다. 분노, 좌절감, 억울함, 허무 함, 우울감, 자괴감…. 웬만큼 마음수양이 된 사람도 실패를 초연하 게 받아들이기는 힘들기에 충분히 아파해도 괜찮습니다. 하지만 중 요한 것은 그 다음입니다.

원하는 것을 이루지 못했다고 분노와 자기비하에서 헤어나지 못하고 남은 삶을 폐인처럼 살아간다면, 즉 실패의 순간에서 멈춰버

린다면 그 사람의 인생은 영원히 '실패'로 남게 됩니다. 반대로 거기서 한 발짝 더 나아간다면 그것은 '삶의 이력'이 됩니다.

제 친구 재우는 서울대 법대를 나왔습니다. 1999년에 868,643명이 수능을 치뤘고, 서울대 법대 정원이 270명이었으니 전국 상위 0.03%, 그러니까 3,300명에 하나 나올까 말까 한 인재입니다. 서울대 법대생이라면 대부분 그러하듯 그 친구도 20대 내내 사법고시에 도전했고 계속해서 불합격했습니다. 다른 친구들이 하나둘씩 판사, 변호사, 검사로 활동하기 시작한 서른 즈음에 입대를 했고 제대 후에는 공정무역 카페를 차렸다가 망하기도 했고요.

그가 서울대 법대에 붙었을 때만 해도 10여 년 후 자신이 1.2평도 되지 않는 카페에서 커피를 팔고 있을 거라고는 상상도 못했을 것입니다. 하지만 그는 몇 년에 걸쳐 다시 자기 길을 찾아 교육 분야에서 일하게 되었습니다. 서울대에 들어가고 고시공부를 했던 경험을 바탕으로 공부법 관련 책도 쓰고 강연도 하고 인기 팟캐스트도 진행하고 있습니다. 카페창업의 경험 역시 업무에 여러 도움을 주었습니다. 그러고 보면 우리의 모든 경험들은 버릴 것이 하나도 없습니다.

한순간의 실패에 머무르지 않고 계속해서 삶의 이력을 착실히 이번에는 당신의 내공이 80도였을지도 몰라요.
하지만 도전이 계속되면서
85도, 90도, 93도, 99도로 올라가고
마침내 100도의 임계점을 넘는 순간
당신의 삶은 변화하기 시작할 겁니다.

쌓아가는 이들은 이렇게 방향을 틀어서라도 자신이 원하는 삶을 만들어갑니다. 당신이 물거품으로 돌아갔다고 생각한 그 도전 중에 쌓인 통찰력과 지혜, 인맥 등의 내공이 어디로 사라진 것이 아니라 당신이 또 다른 꿈에 도전할 때 실체를 드러내는 것이지요.

　물이 99도까지 끓어올랐을 때는 물이지만 거기서 1도가 더해지면 수증기로 변합니다. 어쩌면 이번에는 당신의 내공이 80도였을지도 몰라요. 하지만 도전이 계속되면서 85도, 90도, 93도, 99도로 올라가고 그리고 마침내 100도의 임계점을 넘는 순간 당신의 삶은 변화하기 시작할 겁니다. 그러니 당신의 스토리를 여기서 멈추면 안 됩니다. 인생은 끝까지 살아봐야 아는 것이고, 당신은 실패한 것이 아니라 삶의 이력을 쌓고 있는 거니까요.

마음열쇠

당신 스스로 '실패'라고 부르는 경험을 떠올려보세요. 그 경험들을 통해 무엇을 얻었나요? 당신의 삶은 지금 몇 도인가요?

▶

○

◆

어쩌면 우리는 자발적으로
불행을 택하는 것일지도 모릅니다

아는 분 중에 경매와 채권추심을 통해 부자가 되신 분이 있습니다. 은행이나 추심 전문 업체에서도 추심에 실패한 불량 채권, 즉 돈을 받아낼 가능성이 매우 낮은 채권을 헐값에 사서 그 돈을 받아내러 다니는 일을 하시죠. 그러다보니 수천 명의 망한 사람들과 사기꾼, 거짓말쟁이들을 만났다고 합니다. 제가 그들의 공통점을 묻자 그 분은 이렇게 대답했습니다.

"그 사람들은 한 명의 예외도 없이 모든 것을 남 탓으로 돌리더군요."

유난히 불행한 일만 계속 겪는 것 같은 사람이 있습니다. 만날 때마다 남들 탓, 세상 탓을 하면서 그 때문에 자신의 운명이 이렇게 기구해졌다며 하소연하는 사람들이지요. 물리학의 질량보존의 법칙처럼 인생에도 '고통 정량의 법칙'이라는 것이 있어서 사람이 평생에 걸쳐 겪는 고통의 총량은 비슷하다는데 이들은 유난히 말이 길고 변명이 많습니다. 어떤 사람들은 똑같이 힘들었어도 '그냥 최근에 좀 힘들었어'라고 담백하게 말하는 반면 이들은 무슨 일을 겪어도 불행의 이유를 타인에게서 찾아내고 그들을 탓합니다.

우리는 사랑받기 위해 각자의 방식을 개발합니다. 어떤 사람은 공부로, 어떤 사람은 아름다운 외모로, 어떤 사람은 유머감각으로, 어떤 사람은 돈으로, 어떤 사람은 타인의 이야기를 잘 들어주고 배려해줌으로써 자신을 지지해주는 사람들을 주변에 두게 되지요. 문제는 부정적인 방법으로 관심 받고자 하는 사람입니다. 악플을 달고, 거기에 달리는 또 다른 악플들을 보면서 많은 사람들로부터 주목받는 사실을 즐기는 것처럼요.

마찬가지로 자신의 고통을 빌미로 주변 사람들을 인질로 삼는 사람들도 있습니다. 평소에 관심 받을 일이 없다가 아파서 모든 사람의 걱정과 관심을 받게 된 사람의 경우, 당장 이 병 때문에 몸은 고통스러울지 몰라도 무의식은 가족들이 걱정해 주고 간병도 해주는 상황을 내심 즐깁니다. 마치 시들어가던 화초에 물을 준 것처럼 그동안 간절히 바래왔던 애정이 채워지는 것이지요. 그래서 그들은 타인의 관심이 시들해지면 또 다른 병을 만들어냅니다. 무의식이 병을 선택하는 것입니다.

뿐만 아니라 사람의 뇌는 익숙한 감정, 익숙한 상황을 좋아합니다. 그래서 우리는 현재의 상황이 바람직하지 않다는 걸 알면서도 그 상황을 바꾸기 위해 필요한 변화를 두려워하죠. 자신의 불행을 핑계로 위로와 공감을 받고 싶을 뿐 혼자 힘으로 삶을 개선할 용기를 내기는 쉽지 않습니다. 그래서 늘 불행한 사람들은 주변에서 아무리 걱정해주고 도움을 줘도 이런저런 핑계만 대면서 똑같은 상황을 이어갑니다.

자신의 불행을 앞세워 남들에게 특별한 존재가 되려고 하거나 상대방을 지배하고 싶어 하는 사람들도 있습니다. 특히 가까운 가족들에게 그런 경우가 많은데요. 배우자나 자식 또는 며느리, 사위에게 무리한 요구를 하고, 들어주지 않으면 "아이고 내 팔자야… 내가 빨리 죽어야지." 하고 통곡하면서 그들에게 죄책감을 느끼게 합니다. 안타깝지만 사람은 쉽게 변하지 않고 이렇게 자신의 불행이 무기인 사람은 영원히 불행을 필요로 합니다. 평화롭고 행복했던 경험이 없어 뭔가 불안하고 고통스러울 때 자신의 존재감을 느끼는 사람들일수록 더욱 그렇습니다.

가족처럼 어쩔 수 없이 계속 봐야 하는 경우라면 어린 아이들을 훈육시키듯이 긍정적인 행동을 할 때만 칭찬해주고 부정적인 행동을 하면 무시하거나 부정적인 피드백을 해주세요. 불쌍하다고 그들을 동정하고 그들의 요구를 매번 들어주다보면 내 소중한 에너지를 뺏기게 되니까요.

만약 당신이 이런 사람이면 진지하게 고민을 해봐야 합니다. 왜 내가 불평불만 투성이에 신세한탄만 하는 그런 사람이 되었을까요? 나는 최선을 다했는데 정말 세상이 내게만 잔인했던 걸까요? 중언부언 설명이 길어진다면 그것은 변명이 맞습니다. 따지고 보면 사기를 당한 것도 내가 당한 것이고, 빚 때문에 힘들다면 과거에 무리한 대출을 받았기 때문이고 나쁜 인연을 만난 것도, 그 인연을 끊어내지 못한 것도 내 선택입니다. 천재지변이나 선천적 질환으로 고통받는 게 아닌 이상 대부분의 상황은 내가 과거에 내린 결정의 결과로 나타난 것이죠.

이제 당신 인생의 열쇠를 스스로 쥐어보세요. 부모나 배우자의 가난 때문에 고생했다면 내가 부자가 되기로 마음을 먹어봅시다. 나쁜 인연 때문에 고통받아왔다면 과감하게 그 사람을 끊어내고 나 스스로 좋은 사람이 됩시다. 누군가에 대한 원망과 집착 때문에 괴롭다면 이제 그만 용서하고 놓아줍시다. 모두 당신이 선택할 수 있는 문제입니다.

내가 가장 많이 불평하는 게 무엇인가요? 그것에 대해 어떤 액션을 취할 수 있을까요?

▶
○
◆

불행의 반대말은
행복이 아니라 다행입니다

세상이 참 불공평하죠? 부모 잘 만나서 호의호식하는 사람들 보면 왜 나만 이렇게 고생인가 싶고, 뉴스를 보면 세상은 온갖 문제투성이 같습니다. 삶이 팍팍해지다 보니 집단별 갈등도 심해지고 많은 사람들이 불평과 근심을 달고 삽니다.

　제가 지난 10여 년간 수많은 사람들의 고민을 받아보며 느낀 것은 진로, 취업, 연애, 인간관계 등 고민의 종류는 달라도 근본적으로 '사는 게 내 맘대로 되지 않는다'는 이야기입니다. 들어가고 싶은 대학이나 직장에 못 들어가서, 합격하고 싶었던 시험에 불합격해서,

내가 좋아하는 사람이 나를 좋아하지 않아서, 우리 가족이 화목하고 유복했으면 좋겠는데 가난하고 불화가 끊이지 않아서, 매력적인 인기남, 인기녀가 되고 싶은데 인기는커녕 나를 싫어하는 사람도 많고…. 그들은 이렇게 원하는 대로 되지 않는 이 상황을 '실패'라고 부르고 자신을 '실패자'라고 부릅니다.

그들이 부르는 그것이 실패라면요, 미안하지만 그들은 앞으로 더 많은 실패를 경험할 거예요. 웬 악담이냐고요? 원하는 학교, 회사에 들어가고, 원하는 만큼의 부를 얻고 모두가 나를 좋아하고…. 그게 당연한 거라고 생각하세요? 아니요, 그건 노력만으로 얻기 힘든 감사한 결과입니다. 일종의 행운이지요. 긴 인생에 걸쳐 봤을 때 평생 실패하지 않고 고통받지 않고 원하는 모든 일이 쉽게 척척 이루어지는 사람 본 적 있나요?

세상 사는 거 쉽지 않죠. 오죽하면 불교에서 인생을 '고(苦)'라고 했을까요. 나는 분명히 열심히 산 죄밖에 없는데 갑작스러운 해고, 질병, 사고 등으로 불행의 먹구름이 드리우기도 하고 사랑했던 사람을 잃고 상실감에 몸부림치기도 합니다. 좋은 의도로 시작된 일에 오해와 오해가 겹치고 예상치 못한 변수들로 어그러지며 돈과 사람을 잃기도 해요. 온 마음을 다해 최선을 다했는데 이를 알아주기는커녕 배신당하고 상처 받기도 합니다.

어쩌면 그 많은 고통들은
'착각'에서 비롯된 것일 수도 있습니다.
세상이 공평해야 한다는 착각,
모든 게 내 뜻대로 흘러가야 한다는 착각.

그런데 달리 생각해보면 말이죠. 어쩌면 그 많은 고통들은 '착각'에서 비롯된 것일 수도 있습니다. 세상이 공평해야 한다는 착각, 모든 게 내 뜻대로 흘러가야 한다는 착각, 남들이 내 마음을 알아줘야 한다는 착각, 영원히 건강하게 살 거라는 착각. 그 착각을 '당연한' 것이라 생각하면 이것들이 일종의 마음감옥이 되어 나를 가두는 것입니다. '왜 나만 이렇게 아프지?' '왜 저 사람은 나를 싫어하지?' '나는 최선을 다했는데 왜 이런 결과가 나왔지?' 라는 생각들로 내 마음만 괴로워지죠.

불행의 반대말은 행복이 아니라 다행입니다. '당연히' 이 세상이 내 뜻대로 돌아가고 인생이 내가 원하는 대로 되어야 한다는 강박을 버리고 '그럴 수도 있다'고 받아들이면 마음이 편안해져요. 내가 원하는 대로 될 수도 있고 그렇지 않을 수도 있고, 내가 지금은 건강하지만 아플 때도 있고, 나만큼이나 부모님도 완벽하지 않은 인간이고, 이 세상에 나를 좋아하는 사람도 있지만 싫어하는 사람도 있습니다.

그리고 내가 해야 할 일에 집중해보세요. 몸이 아프면 아픈 대로 건강관리에 힘쓰고, 돈이 없어 힘들다면 열심히 돈을 벌고, 부모님에게 받은 상처가 많다면 적어도 내 자식은 잘 키울 수 있도록 내 마음을 치유하고, 나를 싫어하는 사람이 있다면 나를 좋아해주는 사람들에게 더 정성을 쏟으면 되겠지요. 즉 내가 할 수 있는 것과 없는 것을 구분하고 할 수 있는 것에 초점을 맞추고 할 수 없는 것을 받아들일 때 나는 마음감옥을 없애고 내 마음의 주인이 될 수 있는 것입니다.

여기서 한걸음 나아가 '…해서 감사하다'라는 마음을 가져보면 어떨까요? 부모님이 날 낳아주시고 잘 키워주셔서 이렇게 건강하게 살아 있고, 많은 분들 덕분에 교육도 받고 할 일도 갖게 되었고, 날 사랑해주는 사람들이 있고, 무엇보다 내가 나라서, 너무 감사하지 않은가요? 결국 '나'와 '세상'은 그대로인데 초점을 어디에 맞추느냐에 따라 우리는 불행한 사람이 될 수도 있고 행복한 사람이 될 수도 있는 겁니다. 불행을 행복으로 바꾸는 방법, 어렵지 않지요?

고대 그리스 로마의 철학자 에픽테토스(Epictetos)는 이미 2000년 전에 '문제는 사건 자체가 아니라 사건에 대한 우리의 해석이다'라는 진리를 설파했습니다. 그는 이렇게 말했지요. "사람이 세상에 태어나서 할 수 있는 일과 할 수 없는 일이 있다. 할 수 있는 일은 자기 마음을 바꾸는 일이요, 할 수 없는 일은 남의 마음을 바꾸는 일이다. 할 수 있는 일을 하는 사람은 지혜로운 사람이요, 할 수 없는 일을 하려고 하는 사람은 어리석은 사람이다."

마음열쇠

・ 김수영의 108감사문

어느 날 문득 태어나서 이제까지 감사한 것들을 싹 적어보다가 여러분과 공유하고 싶은 108개를 정리해서 녹음해보았습니다. 눈을 감고 찬찬히 들어보시면 우리의 인생이 얼마나 감사하고 행복한 것인지 세포 하나하나까지 느끼실수 있을거에요. 잠들기 전 또는 아침에 막 일어났을때 들으시는 것을 추천합니다. 감사할수록 감사할 일이 더 많이 생길테니까요!

▶

○

◆

화가 날 때는
화가 난 내 마음을 들여다보세요

요즘 참 화날 일이 많죠. 인터넷을 보면 온갖 비난과 분노의 댓글로 범벅이 되어 있습니다. 일상에서도 버럭버럭 화부터 내는 사람들이 참 많고요. 그래서 화를 다루는 몇 가지 방법을 알려 드릴게요.

첫째, 우선 화가 난 내 마음과 나를 분리시켜 보세요. '화났다', 즉 영어로 'I am angry'를 직역하면 내가 화 그 자체가 되어버립니다. 그보다는 'I feel angry now' 즉 '나 지금 화나는 감정을 느껴'라는 표현처럼 감정과 나를 분리시키는 거죠. 감정이 나를 일시적으로 스쳐지나고 있다고 인지하는 것만으로도 나는 그 감정에 휘둘리지 않습니다. 그래야 내 마음을 찬찬히 들여다보며 합리적으로 생각할 수 있습니다.

둘째, 화가 난 '진짜 이유'에 대해 자문자답해보세요. 표면적으로는 프로젝트에 실패하게 만든 다른 누군가를 원망하며 화를 내는 것일 수도 있지만, 사실은 그 결과 승진에서 밀리고 연봉인상이 멀어지는 상황에 대한 불안감이 무의식에 깔려 있을지도 모르니까요. 그런데 승진이 늦어진다고 당신의 모든 것이 무너지진 않아요. 더 높은 직급과 더 여유로운 생활로 사랑하는 사람을 기쁘게 만들어 주고 싶었던 당신의 바람이 실현되지 못했을 뿐이죠. 이렇게 나 스스로와 대화를 나누다 보면 정말 중요한 것이 무엇인지 알게 됩니다.

셋째, 이 상황에 대해 글을 써보는 것입니다. 어쩌다 이렇게 된 건지, 뭐가 맞고 뭐가 틀린지 조목조목 따지고, 여기서 무엇을 깨달았는지, 내가 원하는 결말은 무엇인지, 그렇게 되려면 뭘 어떻게 해야 하는지도 말이예요. 그 대안 중에서 내가 할 수 있는 것과 없는 것도 구분해보세요. 그래도 감정이 가라앉지 않는다면 그 글을 3일만 묵혀 두세요. 3일 후에 그 글을 다시 꺼내서 액션을 취한다면, 감정을 통제하지 못해 저지르는 실수를 방지할 수 있습니다.

그렇다면 타인이 내게 화를 내는 경우는 어떨까요? 주차문제로 시비가 붙은 낯선 사람이나 악플러들처럼 나와 아무 상관없는 사람들이 내게 화를 낼 때, 그 사람은 내게 화가 난 게 아니라 그냥 '화가 나 있는 상태'이고 화풀이 대상이 필요한 겁니다. 그 사람들의 화에 똑같이 화로 대응하는 것은 마치 그들이 준 쓰레기를 받아 쥐고 썩은 냄새를 맡으며 괴로워하는 것이나 다름없죠. 내게 아무 가치 없는 사람의 감정쓰레기통 역할을 한다면 너무 억울하지 않나요? 그 쓰레기는 빨리 갖다 버리세요. '그냥 마음이 힘든 사람이 있구나' 하고 생각하며 내 마음을 거두는 것입니다.

물론 모르는 사람보다는 가족이나 상사처럼 가까운 사람 때문에 신경 쓰이고 화날 때가 더 많지요. 오랜 시간 해결되지 않은 문제가 있다면 이를 해결하는 것도 중요하지만 그럴 수 없다면 그 사람과의 관계를 마음속으로 분리시켜 보세요. 예를 들면 직장 상사는 '동네 아저씨'로, 어머니는 '이웃집 할머니'라 생각하는 거죠. 그럼 그들이 화를 내도 '저 아저씨 또 화났네' '저 할머니 또 잔소리 하는구나' 생각하면 내 감정을 개입시키지 않고 바라볼 수 있어요. 상대에게 일말의 기대나 바라는 점이 있을 때 우리는 그 사람의 감정에 영향을 받아요. '낯설게 바라보기'는 그 사람의 마음과 내 마음에 연결된 줄을 툭 쳐낼 수 있게 해줍니다.

그렇게 내 마음의 평정을 찾고 나면 우리는 화내는 상대를 향해 세 가지 선택을 할 수 있습니다. 첫째는 무시하는 것이고, 둘째는 "그 일 때문에 많이 화나셨죠? 저 같아도 정말 속상했을 것 같아요." 와 같은 말로 그 사람의 마음에 공감해주고 헤아려주는 것입니다. 분노를 친밀감으로 바꿀 수도 있는 마법 같은 말이지요.

셋째, 거기서 한 발짝 나아가 친절을 베푸는 것입니다. 제가 뉴욕에서 지낼 때 저희 동네 세탁소에는 매번 짜증을 내는 중국인 아주머니가 있었어요. 하루는 빨래를 맡기러 갔다가 또다시 별거 아닌 일로 신경질을 부리는 아주머니를 보며 저도 화가 난 채로 세탁소를 나왔습니다. 그런데 문득 생각해보니 저분도 한때는 예쁘고 발랄한 아가씨였을 텐데, 몇 십 년을 저 좁은 공간에서 다림질하며 얼마나 답답하고 힘들었을까 싶더군요. 저는 세탁소에 다시 돌아가 "좋은 하루 되세요!" 라는 말과 함께 마카롱 한 박스와 커피를 내밀었습니다. 놀란 그녀는 말을 잇지 못하다 한참 후 "땡큐"라고 답했고 저는 그날 하루 종일 기분이 좋더라고요.

살다보면 화가 날 수는 있습니다. 누군가가 내게 화를 낼 수도 있지요. 그럴 때 3초만 멈춰서 심호흡을 하세요. 그리고 마음속으로 생각하세요. '내가 지금 화가 났구나. 내가 지금 화가 났구나. 내가 지금 화가 났구나. 그럼 이 상황에서 뭘 할 수 있지? 뭘 할 수 있지? 뭘 할 수 있지?' 그렇게 호흡을 가다듬고 생각을 집중시키면 큰 화를 면할 수 있습니다. 그래도 화가 풀리지 않는다면 밖에 나가 미친 듯이 뛰며 운동을 하거나 노래를 크게 부르며 분노 에너지를 발산시키세요. 마음이 한결 나아질 거예요.

나는, 또는 내게 화를 내는 사람들은 주로 어떨 때 화를 내나요? 그 이유가 무엇일까요? 이 상황을 어떻게 개선할 수 있을까요? 그들에게 친절을 베풀어보는 것은 어떨까요?

마음을 헤아려주는 말 한 마디에서 공감은 시작됩니다

페루를 여행할 때의 일입니다. 호텔 수영장에서 수영을 하고 나서 보니 하얀 수영복이 파랗게 물들어 있었습니다. 너무 놀라서 호텔 지배인에게 이야기하니 그녀는 "한 번도 이런 일이 없었는데 어떻게 이럴 수가 있지? 네 수영복이 문제가 있는 것 아니야?"라며 되려 저에게 소리 지르며 매섭게 몰아붙이더군요. 수영복을 보상해달라고 요청한 것도 아닌데 블랙컨슈머(Black consumer 악질 소비자) 취급을 받은 저는 너무 화가 나서 그곳에서 더는 머물고 싶지 않았습니다. 이미 지불한 숙박비도 환불받지 못한 채 짐을 싸서 나오는데 마음이 참 헛헛하더군요. 사실 제가 원했던 건 "어머 세상에, 어쩌다 이렇게 되었죠? 정말 속상하시겠어요."라는 공감의 말 한 마디였을 뿐인데요.

이렇게 말 한 마디 때문에 모든 일이 그르쳐지기도 하고, 불가 능한 일이 말 한 마디로 가능해지기도 합니다. 그런데 왜 그 말 한 마디를 제대로 못해서 사달이 날까요? 다들 자기 감정만을 생각하 고 상대방의 마음을 헤아리지 못하기 때문입니다. 또 자신의 감정 이나 요구를 표현하는 것에 익숙하지 못해 엉뚱한 표현을 해서 서 로를 오해하기도 하고요. 그럴 때 잠깐 내 감정을 내려놓고 상대방 이 왜 이럴까, 무엇을 원하는 걸까를 침착하게 관심가지고 지켜보 는 것이 중요합니다.

한 대기업으로부터 프로젝트를 수주 받은 적이 있었습니다. 그 런데 고객사의 담당자는 늘 명령조의 말투로 저희 직원에게 지시를 하면서 짜증을 냈습니다. 그 사람 때문에 저희 직원이 너무 마음고 생이 심해서 일을 그만두고 싶다고 할 정도였죠. 그래서 저는 그 담 당자를 유심히 지켜보았습니다. 당시 그는 저와 동갑인 33살이었는 데 아직 사원인 것이 조금 의아했습니다. 알고 보니 이런저런 사정 으로 뒤늦게 고졸로 입사했고 자기 또래의 대졸 직원들이 대리, 과장을 달고 있는 반면 그는 아직도 인정을 못 받고 있는 상황이었습니다. 그래서 저는 그분이 가장 중요하게 생각하는 차장님 앞에서 그 담당자를 열심히 칭찬했지요. 그는 당황해하면서도 기분 좋은 건 숨기지 못했습니다. 그리고 그 후로 저희들에게 훨씬 더 협조적으로 대해주었습니다.

상대방에 대한 관심 못지않게 언어 사용 또한 중요합니다. 특히 우리말에는 반말과 존댓말이 있어 어떤 표현을 쓰느냐에 따라 관계가 규정되기도 하지요. 제가 예전에 회사를 차리면서 아는 동생을 직원으로 채용한 적이 있습니다. 그는 저를 '누나'라고 계속 불렀고 저는 '아무개야' 하면서 반말로 이름을 불렀습니다. 아무래도 반말을 쓰다보면 상대를 아랫사람처럼 함부로 대하는 경향이 생깁니다. 그가 일을 잘했을 때는 "수고했어" 정도로만 얘기하다가 뭔가 잘못을 하면 "…했어야지! 네가 그러니까 상황이 이렇게 되었잖아!"라며 친동생 다그치듯 하는 제 모습을 보며 '이건 아닌데…'라는 생각이 들었습니다. 그 역시 저를 누나처럼 편하게 생각해서인지 일방적으로 휴가를 통보하는 등 일반 직장에서라면 상상할 수 없는 행동을 했습니다.

그때의 시행착오 이후, 저는 아무리 나이가 어려도 저와 함께 일하는 모든 이들에게 "○○ 님" 또는 "○○ 씨"라고 호칭하며 항상 존댓말을 합니다. 그러면 그 사람을 대등한 관계에서 대하게 되더 군요. 그리고 희한하게도 반말을 할 때보다 훨씬 더 자주 "수고하셨 어요" "정말 고마워요" "덕분에 일이 잘 끝났어요"와 같은 긍정적인 피드백을 자주 하게 되었습니다. 설령 그 사람이 잘못하더라도 완 곡하게 피드백을 주게 되고요. 이렇게 언어의 선택도 관계에 중요 한 영향을 미칩니다.

자신의 감정이나 의사를 표현하는 것이 서툴다면 비폭력대화 법을 배우는 것 또한 도움이 됩니다. 갈등 상황에서 상대를 비난, 비 판, 공격하는 말이 폭력대화라면 '비폭력대화'는 솔직함과 공감을 바탕으로 서로의 욕구를 충족시키고자 하는 관찰-느낌-욕구-부탁 의 4단계 대화법입니다. 관찰 단계에서는 상대방의 행동을 평가하 기 보다는 있는 그대로 상황을 묘사합니다. 그래서 그 행동이 자신 에게 어떤 느낌을 유발했는지를 구체적으로 이야기합니다. 욕구 단 계에서는 상대방을 탓하기 보다는 "나는 …을 원했기 때문에 …하 게 느껴"라고 솔직하게 말합니다. 그리고 상대방에게 바라는 것을 구체적으로 요청합니다.

예를 들어 "자기는 나보다 일이 더 중요해? 이번 주말에도 나 혼자 보내야 돼? 나는 당신한테 도대체 어떤 존재야?" 하고 말하기

보다는 "자기는 이번 주말에도 바쁘구나(관찰). 이번 주말에는 같이 있을 줄 알았는데 그렇지 못하니까 속상하네(느낌). 나는 자기랑 함께 즐거운 시간을 보내고 싶었거든(욕구). 다음 주말에는 꼭 함께하고 싶은데 시간 가능할지 미리 말해줄 수 있을까?(부탁)" 이런 식으로 말하면 상대방도 마음을 열고 경청할 준비가 되겠지요.

당장 문제가 해결되지는 않더라도 이렇게 마음을 헤아려주는 말 한 마디면 마음이 한결 누그러지지 않을까요. 물론 이런 것들이 하루아침에 쉽게 되지는 않아요. 꾸준히 훈련하고 노력해야 합니다. 이 모든 것이 너무 어렵고 낯설다면 이 세 마디만 해도 괜찮습니다.

"미안해" "고마워" "사랑해"

마음열쇠

다른 사람에게 말로 상처를 준 적이 있다면 그때 했던 말을 적어보고 비폭력 대화법을 쓴다면 어떻게 말했을지 생각해보세요. 비폭력 대화에 대해 더 알고 싶다면 마셜 로젠버그(Marshall B. Rosenburg)의 책 《비폭력대화 Nonviolent Communication》를 읽거나 한국비폭력대화센터 웹사이트를 참고하세요. krnvc.org

▶

○

◆

최악의 상황에서도
최악이 아닌 이유를 찾아보세요

일 년에 한 번 볼까 말까 하는 대학동창 친구가 갑자기 만나고 싶다
고 연락을 해왔습니다. 무슨 일이 있구나 싶어 집으로 초대했지요.
아닌 게 아니라 작년에 갑자기 아버지가 돌아가시고, 초등학생 아이
를 둔 언니까지 암에 걸렸다고 합니다. 집안 분위기가 어떨지 안 봐
도 뻔한 상황, 얼마나 힘들었을까 싶어 저까지 울컥했지만 분위기
를 바꿔보기로 했지요.

　　"그런데 말야. 아버지가 있었다는 사실이 너무 감사하지 않니?
그래서 너희 삼형제를 낳아주고 공부까지 다 시켜주고…"

"…"

"힘든 상황이긴 하지만 언니가 있다는 것도 너무 감사하잖아."

"…"

"언니 입장에서도, 이런 상황에서 돌봐주는 가족도 있고, 치료 받을 돈도 있고, 건강했을 때 건강한 아이를 낳았다는 사실 역시 얼마나 감사한 일이야."

"그런가…"

"가족이 있다는 거, 아플 때 치료받을 돈이 있다는 거, 힘들 때 돌봐줄 사람이 있다는 거… 이건 당연한 게 아니라 감사한 거야. 세상에는 태어나면서부터 아픈 사람도 있고, 부모 없이 혼자 크는 아이들도 있고, 한 끼 먹을 돈조차 없는 사람들도 있어. 그에 비하면 얼마나 다행이니."

"…"

이런 대화는 3시간 가까이 지속되었고, 조금 지쳐갈 무렵 저는 무화과 한 접시를 친구 앞에 내밀었습니다.

"그거 아니? 없을 무, 꽃 화, 꽃이 피지 않는 과일이라 무화과래. 열매 속에 꽃이 피었거든."

"아, 그렇구나. 참 예쁘다. 그러고 보니 나 태어나서 무화과 처음 먹는 거야. 이것도 어쩌면 감사한 일이네."

"그럼!"

"너 같은 친구가 있다는 것도 참 감사한 일이고. 고마워."

3시간의 대화 끝에 친구는 조금은 밝아진 표정으로 떠났지만 저는 한참동안 생각에 잠겼습니다. 처음 겪는 모든 불행은 너무나 무섭고 두려울 겁니다. 나만 혼자 이렇게 최악의 상태에 남겨진 것만 같죠. 하지만 시간이 흐르면 최악이라고 생각했던 상황이 최악이 아님을 알게 됩니다.

저는 사람들에게 '실패가 두렵지 않으세요?' '여자 혼자 해외 돌아다니기 무섭지 않으세요?'라는 질문을 종종 받는데요. 돌이켜 보면 제가 무슨 특별한 DNA를 가지고 태어난 것도 아닌데 어쩜 그렇게 겁 없이 그 많은 도전을 했나 싶어 저 스스로도 놀랄 때가 있습니다. 그게 어떻게 가능했을까. 제가 생각해낸 답은 '최악의 상황을 이미 겪어서'입니다. 10대 때 죽을 뻔한 경험을 여러 번 했고, 학교와 사회로부터 버림받아 밑바닥 생활을 했었기에 무슨 경험을 해도 그때보다 나쁠 수는 없으니까요. 그래서 웬만한 경험은 두려워하지 않고 담담하게 받아들이게 된 것이죠. 그렇게 생각하면 제 생애 최고의 축복은 인생 최악의 사건들을 10대 때 미리 겪은 것이 아닐까

제 남편은 고등학교 때 아토피와 스테로이드 후유증이 너무 심해서 학교를 나가지 못했고, 산에서 직접 캔 도라지 같은 것만 먹으며 살았다고 합니다. 그럼에도 불구하고 통증이 너무 심해서 어머니에게 '제발 나를 죽여 달라'고 했을 정도로 고통이 극심했다고 해요. 그래서 지금은 덤으로 얻은 인생이라 생각하고 매사에 감사하며 살고 있습니다. 웬만한 일을 겪어도 그때의 고통에 비하면 아무것도 아니니까요. 죽음 직전까지 갔던 사람들이 남은 생을 살아가는 방식이 완전히 바뀌듯이 이렇게 진짜 '최악'의 상황을 겪고 나면 삶을 바라보는 태도가 바뀝니다. 그래서 어찌 보면 지금의 상황은 축복이 될 수도 있는 거죠.

물론 제 친구처럼 지금 암흑의 한가운데를 지나고 있는 사람이 그렇게 받아들이기는 쉽지 않을 겁니다. 그런 분들께 저는 '감사일기'를 쓰라고 제안하고 싶습니다. 저도 2년 전부터 남편과 감사일기를 공유하며 매일 5개씩 감사한 것들을 적어보는데요. 때로는 정말 '최악'이라고 느껴지는 날에도 감사일기를 쓰다보면 최악이 아님을 깨닫게 됩니다. 예를 들어 어처구니없는 일로 기분 나쁘게 돈을 잃었다 해도 '이런 상황에서 같이 화내고 걱정해주는 친구들이 있어 감사하다' '아는 사람이 아니라 잘 모르는 사람에게 이런 일을 당해서 감사하다' '돈을 잃었지만 먹고사는데 지장이 없어 다행이다' 등과 같이 어떻게든 감사할 것들을 찾게 되더라고요.

인생의 바닥을 쳤다는 사실 역시 앞으로 더 나빠질 것이 없다는 의미도 되니 얼마나 감사한 일인가요? 잠시 숨을 가다듬으며 내 삶의 감사한 것들을 헤아려 보세요. 이제부터 당신은 서서히 상승할 일만 남았습니다.

살면서 '최악'이라고 생각했던 일을 떠올려 보세요. 이로 인해 긍정적으로 달라진 것은 무엇이었나요? 현재 최악의 일을 겪고 있다면 그럼에도 불구하고 감사할 수 있는 부분이 무엇이 있을까요?

인생의 계절을 받아들이면
불행할 이유가 없습니다

한 30대 여성으로부터 이런 사연을 받은 적이 있습니다. 유복한 가정에서 많은 사랑을 받고 자랐고, 외국에서 공부한 후 해외취업에 성공해 남부럽지 않게 살았던 그녀는 서른 즈음 집안 사정이 어려워지면서 한국으로 돌아와 가장의 역할을 떠맡게 되었습니다. 여동생은 먼저 결혼하여 이 상황을 피해서 잘 살고 있는데 왜 자신이 모든 것을 짊어져야 하는지 괴롭고, 외국에 있는 남자친구에게 가고 싶지만 결혼이야기를 꺼내지 않는 남자친구 때문에 더 비참하다고 했습니다.

그녀의 이메일에서는 꺼질듯 한 한숨이 묻어나왔지만 제가 느낀 감정은 '부러움'이었습니다. 어린 시절 사랑받고 자랐다는 것은 정말 큰 축복이니까요. 만약 지금 겪고 있는 이 어려움이 어렸을 때 닥쳤다면, 그래서 부모님이 그때 자주 싸우거나 헤어졌더라면 정서적으로 큰 균열이 생겼을 수도 있으니까요. 이렇게 몸과 마음이 건강한 성인이 되어 시련을 마주했으니 충분히 이겨낼 수 있지 않느냐고 답장을 보냈지만 그녀는 더 이상 답이 없었습니다. 평생 순탄하게 살다가 처음 시련을 겪은 사람 입장에선 저의 이런 답장에 화가 났을지도 모르겠습니다.

짧다면 짧고 길다면 긴 인생을 살아오면서, 또 수많은 사람들의 인생을 지켜보면서 저는 인생에도 계절이 있다고 믿게 되었습니다. 어떤 사람은 봄에, 어떤 사람은 겨울에 태어나고, 시간이 흐르면서 또 다른 계절을 맞이하지요. 그것은 봄-여름-가을-겨울의 순차적인 진행이 아니라 여름이었다가 겨울이고, 가을이었다가 봄이기도 합니다. 순서는 랜덤이지만 누구나 살면서 인생의 바닥을 찍는 추운 계절과, 정점을 찍는 따뜻하고 달콤한 계절을 경험합니다.

춥고 따뜻함은 상대적인 것이라 열대 지방 사람이 한국을 겨울에 방문하면 생전 경험해보지 못한 강추위를 느끼겠지만, 북극 사람이 한국에 오면 상대적으로 따뜻하다고 느끼겠지요. 인생도 마찬가지입니다. 여름을 살던 사람이 가을을 맞이하면 춥다고 온몸을 웅크리겠지만 겨울을 살던 사람이 가을을 맞이했다면 너무 따뜻하고 행복해하겠지요.

한 60대 남자가 있습니다. 가난한 집에서 태어나 이집 저집을 전전하며 자랐고, 초등학교 졸업의 학력으로 15세부터 공사판 막노동을 했습니다. 30대 중반에 조그마한 건설회사 사장이 되었지만 회사는 부도가 났고, 자살까지 생각했지만 자식들이 눈에 밟혀 차마 실행하지 못했지요. 빈손으로 고향에 돌아와서는 60세가 될 때까지 막노동 현장을 전전하며 살아왔습니다. 폭염과 강추위에 아랑곳하지 않고 40여 년을 야외에서 일하다 보니 다치거나 몸져눕는 날도 많았고, 사랑받아 본 적이 없어 사랑하는 방법도 몰랐기에 아내와는 눈만 마주치면 싸우고 자식들에게도 외면당했습니다. 평생 고생만 하며 살아왔지만 남은 것은 외로움과 분노뿐인 하층민의 삶이었죠.

시간이 흘러 4명의 자식은 스스로의 힘으로 대학을 졸업하고 사회에서 자리를 잡아 이제 매달 생활비를 보내줍니다. 학창 시절 제일 사고를 많이 쳐서 포기했던 둘째 딸은 외국에서 번 돈으로 조그마한 집을 지어주었고, 국민연금과 노인연금으로 매달 나오는 40만 원으로 기름 값도 하고 커피도 사 마십니다. 한때 디스크로 평생

봄은 봄이라서,
여름은 여름이라서,
가을은 가을이라서,
겨울은 겨울이라서
좋을 수 있습니다.

일어나지 못할까 걱정했던 적도 있는데 지금은 하루에 2시간 씩 산책을 합니다. 여전히 눈만 마주치면 싸우긴 하지만 아내도 곁에 있고, TV를 켜면 눈으로 세계일주를 다닐 수도 있지요.

　　그렇습니다. 이 남자는 저희 아버지이고 저는 그 사고뭉치 둘째 딸입니다. 지금은 남들이 부러워할지도 모르지만 우리 가족의 삶은 너무나 오랜 시간동안 가혹할 정도로 추웠습니다. 그 오랜 혹한기에 맞서 싸우다 이제 겨우 봄을 맞이한 아버지는 "나는 천국에서 살고 있다"는 말을 달고 삽니다. 만약 아버지가 평생 넓은 집에 살면서, 외제 차를 타고, 해외여행을 다니고, 많은 사람들을 부리며 떵떵거리고 살아왔다면 어땠을까요? 그랬다면 지방 소도시의 작은 집에 살며 매달 자식들이 주는 생활비와 연금 40만 원으로 살아야 하는 삶에 만족했을까요? 아마 '평생 열심히 살았는데 이토록 초라한 말년을 맞다니…' 하는 생각에 괴로워했을 겁니다.

　　인간은 자신에게 주어진 '상황'이 아닌 그 상황에 대한 '해석'에 따라 행복하다거나 불행하다고 느낍니다. 삶은 늘 우리가 원하는 방향대로 흘러가지 않기에 생각지도 못한 인생의 계절을 맞이하면 우리는 당황합니다. 하지만 새로운 계절이 너무 춥다고, 또는 너무 덥다고 슬퍼하거나 분노해봤자 상황은 달라지지 않습니다.

사람이 80년을 산다면 그 80년 내내 모든 일이 잘 풀리고 행복한 것이 더 이상한 것인데, 우리는 11개월 내내 잘 풀리다가 1달 만 안 풀리면 세상 모든 시름을 껴안고 괴로워합니다. 그냥 그 계절을 받아들이세요. 봄에는 토마토를 심고 겨울에는 마늘을 심듯이 그 계절에 할 수 있는 것을 하세요. 그렇게 치면 좋은 계절도 나쁜 계절도 없습니다. 봄은 봄이라서, 여름은 여름이라서, 가을은 가을이라서, 겨울은 겨울이라서 좋을 수 있습니다.

나는 지금 어떤 계절을 살아내고 있나요? 이 계절에 내가 할 수 있는 일은 무엇인가요?

네 번째 방

지금 이 순간의 주인되기

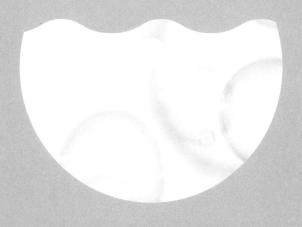

마음스파의 마지막 방은
'지금 이 순간의 주인되기'입니다.
내 몸과 마음을 정화하고,
내 삶의 모든 것을 긍정과 행복,
축복으로 바꾸는 곳이지요.
살아 있음을 느낄 수 있도록 깊게 호흡해보세요.

▶

○

◆

행복은 뺄셈이 아닌
덧셈에서 시작됩니다

영국 런던에서 직장생활을 했던 저는 오랜 기간에 걸쳐 영국 취업
관련 글을 블로그에 연재한 적 있습니다. 그러다 보니 해외 취업을
꿈꾸는 이들에게 도와달라는 요청을 많이 받았고 실제로 많은 분들
의 해외취업을 직접적으로 도울 수 있었습니다.

한번은 런던의 명문대학에서 석사과정중인 한국인 학생이 제
가 다니던 회사와 인터뷰가 잡혔다면서 이메일을 보내왔습니다. 반
가웠던 저는 최대한 상세히 면접 팁을 주고자 그녀에게 전화를 했어
요. 그런데 정작 그녀는 제 조언에는 관심 없었고 자신의 영어실력

이 부족해서 면접에 가면 떨어질 거라는 말만 되풀이 했습니다. 저는 "실력이 되니까 이렇게 좋은 학교에도 다니고 서류전형도 합격한 거잖아요. 면접도 잘할 거예요"라고 격려했지만 그녀는 오히려 짜증을 내면서 "선배님도 아시잖아요! 한국 사람이 아무리 날고 기어봤자 네이티브 스피커 애들을 이기겠어요?"라는 부정적인 얘기만 되풀이했습니다. 저도 결국 짜증이 나서 "그럼 떨어지시겠네요. 원래 사람은 믿는 대로 되는 법이거든요." 하고 통화를 마쳤습니다.

다음해, 제 기사가 크게 뜨자 그녀는 '이 분 예전에 제가 통화했었는데 진짜 독한 사람이더군요'라는 댓글을 달았고 저는 다소 씁쓸한 마음이 들었습니다. 그리고 몇 년 후 그녀는 사과의 이메일을 보내왔습니다. 당시에 자신의 생각이 짧았다고, 제가 말했던 것처럼 패배적인 태도로 임하니 면접에서 족족 떨어지고 힘든 시간을 보냈다고요.

추측컨대 그녀의 영어실력은 충분했을 겁니다. 그저 '네이티브 스피커'라는 자신의 기준에 못 미쳤을 뿐. 특히 똑똑한 친구들 중에는 이런 완벽주의자들이 많습니다. 99가지가 완벽해도 1가지가 마음에 들지 않으면 99가지마저 물거품이 되었다고 생각하는 사람들이죠.

이렇게 자신에게 엄격한 사람들은 남들에게도 엄격하기 마련입니다. 일례로 주변에 소개팅을 주선하다보면 매번 상대방의 단점을 조목조목 열거하는 친구들이 있어요. 물론 소개팅에서 만난 모든 사람이 다 마음에 들 수는 없겠죠. 하지만 자신의 상대는 100점 만점이어야 한다는 기준에서 시작해 "배가 나왔으니 -10점, 나이가 좀 많으니 -20점, 옷차림이 촌스러우니 -10점, 그래서 이 사람은 60점" 하고 사람을 규정해버리는 그들의 계산 방식에 당황하곤 합니다. 주선자인 저는 0점에서 시작해서 인격이 훌륭하니 +40점, 직업이 좋으니 +10점, 경제관념이 확실하니 +10점, 운동을 좋아하니 +10점, 술담배를 하지 않으니 +10점 이렇게 80점을 줬는데 말이지요.

이렇게 우리가 자기 스스로의, 또는 타인의 부족한 점만을 찾아내어 가차 없이 뺄셈을 해서 몇 점짜리 인간이라고 평가절하한다면 세상 사람들은 모두 부족하기 짝이 없을 겁니다. 그리고 100점 만점의 기준 또한 천차만별입니다. 제가 만약 동갑내기라는 이유 하나로 비욘세나 전지현을 기준으로 놓고 저를 비교한다면 재력으로 보나, 미모로 보나, 유명세로 보나 한참 부족한 저는 그냥 나가 죽어야 할 겁니다. 하지만 가난, 가정불화, 왕따, 질병 등 수많은 악재로 점철되었던 제 마이너스 인생을 채우고 또 채우다 보니 제로 상태를 넘어 플러스 상태가 되었기에 저는 제 자신에게 후한 점수를 주는 편입니다.

물론 뺄셈법의 장점도 없지는 않습니다. 자신을 부족하다고 생각하는 사람들은 자신의 부족함을 채우기 위해 정말 치열하게 노력해서 스스로를 업그레이드하는 경우도 많거든요. 하지만 똑같이 자기계발을 위해 노력하는 과정이라 할지라도 '나는 이미 충분하지만 조금 더 나은 내가 되고 싶어'라는 마음가짐과 '지금의 나는 너무 부족해. 더 채워야해'라는 마음가짐으로 대할 때 누가 더 불행하고 행복할지는 물어보지 않아도 아시겠지요?

진여(眞如) 즉, "있는 그대로의 것"을 뜻하는 산스크리트어 타타타(तथात, tathātā)라는 제목의 노래가 있어요. 그 가사 중 '산다는 건 좋은 거지 / 수지맞은 장사잖소 / 알몸으로 태어나서 / 옷 한 벌은 건졌잖소'라는 대목이 있는데요. 갓난아기 때부터 이제까지 얼마나 많은 것들이 당신 인생에 더해졌나요? 오늘 그걸 모두 적어보는 건 어떨까요? 그렇게 쭉 내 인생에 더해진 것들에 감사하는 것만으로 우리의 인생은 차고 넘칩니다. 그리고 나아가 이 감사와 행복을 다른 사람들과 나눈다면, 우리의 행복은 곱셈으로 증폭되겠지요?

▶

○

◆

사랑하는 마음으로 보면
사랑하지 못할 사람이 없습니다

제가 전국을 돌아다니면서 강연을 한지도 꽤 여러 해 되었습니다. 중·고등학교에 강연하러 가면 보통 강연 전에 교장선생님과 티타임을 갖는데, 이때 오늘 강연이 어떨지 대충 예측이 됩니다. 교장선생님이 선생님들에게 권위적인 태도를 보이고, 여직원이 와서 차를 따르는 학교일 경우 선생님들도 아이들에게 강압적인 모습을 보이고 아이들의 눈에도 반항의 기운을 읽을 수 있죠.

　한 번은 한 중학교 교장 선생님이 자기 학교의 아이들을 가리켜 '중2병'에 걸렸다며 "요즘 애들은…" 하면서 한참을 비난하더군요. 아니나 다를까 그날 강연에 앞서 선생님들이 학생들의 군기를 잡으셨습니다. 외부강사 앞에서 아이들의 흐트러진 모습을 보여주고 싶지 않은 심정도 이해는 되지만 맨 뒤에 손을 들고 벌서있는 아이들을 바라보며 강연을 해야 하는 제 마음이 편치 않았습니다.

반대로 교장선생님이 직접 커피를 타주거나, 다른 선생님들에게 예의를 갖추고 존댓말을 하는 학교는 강연 분위기도 달랐습니다. 시골에 있거나 학업성취도가 낮은 학교라도 선생님들은 아이들을 향한 애정과 진심이 있었고, 아이들의 눈빛도 반짝거렸습니다. 바리스타를 꿈꾸는 아이 한명을 위해서 학교 안에 카페를 만들었다는 학교는 곳곳에 따뜻한 에너지가 얼마나 가득했던지 왠지 모를 감동과 감격에 살짝 눈물이 나기도 했습니다.

제가 아는 어느 초등학교 선생님은 오랜 기다림 끝에 임신을 했지만 안타깝게도 유산이 되었습니다. 펑펑 울다가 학교에 가자 평소에는 말썽꾸러기로 여겨졌던 아이들의 모습이 하나하나 다르게 보이더랍니다. '이 아이들이 엄마들에게 얼마나 소중한 존재일까. 얼마나 큰 사랑으로 이 아이들을 키웠을까' 그렇게 바라보자 학생들을 더욱 귀하게 여기고 사랑할 수 있게 되었다고 해요.

아이들의 왁자지껄한 모습도 사랑하는 마음으로 바라보면 흐

뭇한 풍경이고, 못마땅한 시각으로 바라보면 시끄럽고 짜증나는 일일 겁니다. 그래서 층간소음의 가장 좋은 해결책은 윗집 아이들과 친구가 되는 것이라고 합니다. 그 아이들과 종종 배드민턴도 치고 간식도 함께 나눠먹는 관계라면 위에서 쿵쿵댈 때 '애들이 신나게 놀고 있나보군' 하면서 씩 웃을 수 있을 테니까요.

세상 모든 관계가 그렇습니다. 미운 마음으로 바라보면 한없이 책잡을 것 투성이지만 고운 마음으로 바라보면 품어주고 싶지요. 사랑하는 마음으로 바라보면 사랑하지 않을 사람이 없습니다. 누군가를 혐오하거나 무시하는 이유는 그들을 잘 알지도 못하면서 내 기준에서 추측하고 판단하기 때문이죠. 왠지 모르게 불편하거나 싫고 어려운 사람들이 있다면 오히려 그들에게 한 발짝 더 다가가보세요. 어쩌면 우리는 그들을 오해했던 것일지도 모를 테니까요.

한 번은 제가 운영하는 워크숍 프로그램의 참가자 한분이 저희 직원에게 유난히 까칠하게 대한 적이 있었습니다. 별 것 아닌 일로 자꾸 전화해 시비를 걸자 담당직원이 화가 나서 눈물을 흘릴 정도였죠. 그 사람의 프로필을 보니 40대 후반의 싱글 여성으로 직업은 예술가였습니다. 왠지 그 사람이 굉장히 외로울 것 같다는 생각이 들었고, 넉넉지 않은 형편에 거금을 들여 참여하는 이 프로그램에서 대접받고 싶어 한다는 느낌을 받았습니다.

　워크숍이 시작되기 전, 저는 모든 스탭들에게 이분에게 집중적으로 애정폭격을 가하라고 지시했고, 저 역시 그분을 진심으로 사랑하는 마음으로 대하고자 노력했습니다. 그래서일까요? 처음에는 뭔가 꼬투리 잡을 게 없나 매의 눈으로 우리를 보던 그분의 눈빛이 점점 부드러워지고 미소가 차오르는 게 보이더군요. 그리고 이틀간의 워크숍을 마칠 무렵 그녀는 눈물을 펑펑 쏟으며 담당자에게 사과했습니다. 이렇게 좋은 분들이 좋은 프로그램을 하는데 의심하고 힘들게 해서 미안하다면서 말이죠.

　까칠한 사람일수록 상처가 많습니다. 갑질하는 사람일수록 열등감이 많지요. 의심 많은 사람은 배신당한 경험이 있어서 일겁니다. 뾰족하고, 안하무인이고, 무례한 사람들을 마냥 싫어하기 보다는 '저 사람이 이런 상처가 있구나, 열등감이 있구나, 배신당한 아픔이 있구나…'라고 생각하면 측은해집니다.

　미운 사람일수록 측은지심을 가지고 바라보세요. 내가 그 사람을 어떻게 바라보느냐에 따라 내가 뿜어내는 에너지가 다릅니다. 아무리 겉으로 웃어도 속으로 그 사람을 미워하고 원망하면 그 사람도 그걸 느낄 수밖에 없고 미움은 미움으로 돌아올 수밖에 없습니다. 반대로 내가 그 사람을 진심으로 생각하고 도우려 하면 그들도 그걸 느낍니다.

정말이지 이해할 수 없는 사람이라면 그냥 어린애라고 생각하고 그 사람이 아이가 된 모습을 상상해보세요. 그러면 그 작은 아이가 측은해 보일지도 모릅니다. 반항기 가득한 사춘기 소년에게서 애정결핍을 발견하기도 하고, 고집 세고 독불장군인 노인에게서 과거의 두려움을 볼 수도 있습니다. 그 모든 이들을 품을 수 있는 비법은 바로 사랑입니다.

정말 싫은데 피할 수 없는 사람이 있다면 그 사람을 볼 때마다 마음속으로 '나는 진심으로 당신이 행복했으면 좋겠습니다'라고 되뇌어 보세요. 내 태도가 먼저 달라지면 그 사람의 태도도 서서히 달라질 겁니다.

우리는 자기긍정과
칭찬으로 성장합니다

한 싱글맘이 있습니다. 이혼 전 여유로운 생활을 했던 그녀는 주말이면 아이들을 좋은 곳에 데리고 다녔고 아이들에게 유기농 음식만 먹였습니다. 하지만 이혼 후 경제적으로 어려워지자 하루하루 버티기조차 힘들었습니다. 눈물이 나올 때마다 아이들에게 TV를 틀어주고 자신은 침실에 들어가 수도 없이 울었고, 돈이 없어 아이들에게 싸구려 인스턴트 식품을 먹이는 자신을 나쁜 엄마라고 여기며 처지를 비관하곤 했습니다.

　마음이 너무 힘들어서 무료 심리상담을 받으러 간 그녀에게 상담사는 의외의 칭찬을 해주었습니다. "당신은 정말 훌륭한 엄마입니다. 이렇게 힘든 상황 속에서도 애들을 굶기지 않고 끼니를 챙겨주고 있잖아요. 내 마음은 찢어지게 아플지언정 아이들에게 엄마의 슬픈 모습 대신 TV를 보여줘서 애들을 웃게 해주잖아요." 그 칭찬은 그녀에게 큰 힘이 되어 그녀를 다시 일어날 수 있게 해주었지요.

우리는 이렇게 주어진 상황에서 최선을 다하고 있음에도 스스로를 부족하다고 가혹하게 판단하는 경우가 많습니다. 그래서 어떤 상황에서도 스스로에게 칭찬할 거리를 찾아 긍정성을 회복하는 것이 중요합니다. 사람들이 단점이라 여기는 내성적이거나 소심한 성향 또한 좋은 점도 많아요. 남들이 생각지도 못한 작은 디테일을 챙기는 배려심이 있을 테고, 일을 꼼꼼하게 해서 실수도 적게 하겠지요. 남에게 함부로 말해서 상처 줄 일도 없고, 위험한 투자를 해서 난처한 상황에 빠질 일도 없는 거예요.

긍정심리학자들에 따르면 사람이 행복하다, 또는 불행하다고 느끼는 요인의 50%가 유전적, 10%가 상황적, 그리고 40%가 자신의 생각과 행동에서 비롯된다고 합니다. 유전적이라는 부분은 부모가 느끼는 행복의 정도가 아이에게 영향을 미치고, 그것이 사고방식을 길들이는 것인데, 이 또한 노력을 통해서 어느 정도 조절가능하다고 해요. 상황은 경우에 따라 바꿀 수도 있고 바꿀 수 없는 경우도 있지만 그 상황에 대한 나의 생각은 스스로 통제 가능한 것이니 적게는 40%, 많게는 100% 더 행복해질 수 있는 것이지요.

　반대로 말하면 우리는 생각하기에 따라 40%~100% 더 불행하다고 느낄 수도 있습니다. 그래서 모든 것을 다 가지고도 괴로움을 견디지 못해 자신의 목숨을 끊는 사람들도 있고 '어떻게 저런 상황에서 살 수 있을까' 싶은 상황에서도 행복하게 사는 사람도 있습니다. 그렇다면 같은 상황에서도 이를 긍정적으로 해석하고 나 자신을 최대한 칭찬해주는 게 낫지 않을까요?

　긍정심리학의 창시자인 마틴 셀리그만(Martin Seligman)에 따르면 낙관성도 학습될 수 있다고 합니다. 나쁜 일이 생겼을 때 이런 일이 '항상' 일어난다기 보다는 '가끔' 일어나며, '전부' 실패한 것이 아니라 '일부' 실패했다고 생각하는 것이 중요하다고 합니다. 또 모든 잘못을 '내 탓'으로 돌리지 말고 '남 탓'이나 '상황 탓'일 가능성도 고려해보세요. '나는 늘 하는 일마다 안 돼. 능력이 없나봐'라고 비관하기보다는 '이번에는 이 부분은 잘됐지만 저 부분이 좀 아쉬웠네. 이러이러한 변수 때문에 그랬던 것 같아' 라고 긍정적으로 받아들일 수 있겠지요?

그리고 나쁜 상황에서도 최대한 좋은 점을 찾아보세요. 사기를 당했다면 '사기인 줄 모르고 다른 사람들에게 이걸 추천할 뻔했는데 혹시 몰라서 추천하지 않은 게 어디야? 나 혼자 당했으니 천만다행이야'라고 생각하며 스스로를 위안합니다. 갑자기 애인이 잠수를 타버려서 어처구니없이 헤어진 경우, '내가 뭘 잘못한 거지?' 또는 '그 사람은 도대체 왜 그런 걸까' 생각하기 시작하면 한도 끝도 없습니다. 오히려 '이런 사람과 결혼했으면 큰 일 날 뻔했는데 천만 다행이구나'라고 생각해보세요. 똑같은 상황이라도 해석하기에 따라 우리가 느끼는 감정은 180도 달라지니까요.

나 자신에게 뿐만 아니라 타인에게도 좀더 너그럽게 칭찬해주세요. 아프리카의 한 부족은 누군가 잘못을 저지르면 그 사람을 앉혀놓고 온 동네 사람들이 칭찬을 해줍니다. 칭찬을 들은 죄인은 참회의 눈물을 흘리며 반성을 하고 새 사람으로 거듭난다고 합니다. 당신에게 잘못한 사람이나 맘에 들지 않는 사람이 있나요? 그 사람이 9개를 잘못했어도 1개쯤은 잘한 게 있을 테니 그 부분을 칭찬해보세요. 사람은 자신을 알아봐주고 믿어주는 사람을 위해 더 나은 사람이 되고 싶어 하니까요.

세상에는 절대적으로 옳고 그름도 없고 좋고 나쁨, 아름다움과 추함 또한 상대적인 기준에 불과합니다. 그저 좋다, 나쁘다, 옳다, 틀리다, 아름답다, 추하다라고 판단하는 우리의 시각만 있을 뿐이지요. 좋지도 나쁘지도 않은 중립적인 현상을 나쁘게 보는 왜곡된 생각습관을 멈추고 최대한 긍정적으로 바라보는 습관을 의식적으로 만들어보세요. 그리고 자기 자신에게 자꾸 칭찬할 거리를 찾아주세요. 결국 우주의 모든 것은 우리의 마음에서 비롯되니까요.

마음열쇠

나 자신에게 칭찬하고 싶은 것을 10개 적어보세요.

인생을 매 순간
파티하듯 즐기세요

예전에 저는 특별한 이유 없이 '에베레스트와 킬리만자로에 오르겠다'는 목표를 꿈목록에 적었습니다. 등산에 전혀 관심이 없었지만 그래도 언젠가 한 번쯤은 그렇게 높은 산에 올라봐야 한다고 생각했지요. 그래서 멀리 탄자니아와 네팔까지 날아가 많은 돈과 시간을 들여 그 산에 올랐지만 그 과정은 결코 쉽지 않았습니다. 비에 젖은 신발 때문에 물집이 생기고, 발톱이 빠지고, 고산증 때문에 죽을 뻔하기도 했습니다. 그렇게 힘들게 킬리만자로 정상 5,895미터, 에베레스트 베이스캠프 5,350미터, 칼라파타르봉 5,545미터에 올랐습니다. 정상에 오른 순간은 황홀했지만 누군가 "한 번 더 올라갈래?"라고 묻는다면 저는 절대 싫다고 할 겁니다. 그 고생을 생각하면 끔찍하니까요.

그랬던 제가 지금은 크고 작은 산을 오르는 것을 즐깁니다. 높은 정상에 올라야겠다는 강박보다는 '가볍게 산책이나 할까?' 하고 걷다보면 어느덧 정상에 도착하는 경우가 많아진 것이지요. 가벼운 마음으로 가다가 힘들면 멈춰서 쉬기도 하고 피곤하면 중간에 그냥 하산하기도 합니다. 중요한 것은 정상에 도달하는 것이 아니라 지금 이 순간 내 눈앞에 펼쳐진 풍경과 흐드러지게 핀 꽃나무, 신선한 바람과 내 곁에 있는 사람의 존재를 음미하고 감사하는 것이지요. 그래서 똑같은 산을 여러 번 올라도 매번 바라보는 풍경이 다르고 제가 느끼는 감정들도 새롭습니다.

제가 맹목적으로 정상에 도착하는 것에만 집착했던 것처럼 많은 사람들은 자신이 원하는 결과에만 집착해 과정의 기쁨을 놓치는 경우가 많습니다. 예를 들어 파티를 한다고 칩시다. 손님 초대, 청소 및 데코레이션, 음식 준비에 많은 시간이 듭니다. 손님들이 와서 몇 시간 즐겁게 보내다 가고 나면 다시 청소와 설거지를 하고 손님들에게 와줘서 고맙다는 연락을 돌립니다. 화려한 시간이 3시간이라면 화려하지 않은 시간은 앞뒤 합쳐서 7시간쯤 됩니다. 준비하거나 뒷마무리하는 일을 '하기 싫은 일'로 규정한다면, 그 사람은 인생의 많은 일에서 만족하지 못할 겁니다. 하지만 반대로 파티를 준비하는 과정 자체를, 파티가 끝나고 청소하는 그 자체 또한 즐긴다면 인생이 늘 파티일 거예요.

남의 돌잔치 파티에 가면 무대에 오른 아이들은 참 예쁩니다. 하지만 지난 365일, 24시간 동안 아이를 키워낸 사람은 먹고 자는 최소한의 욕구조차도 포기해야 하는 순간들이 많았을 겁니다. 하루에도 몇 번씩 아이의 기저귀를 갈고, 젖을 먹이는 과정을 거쳐야 아이가 제대로 잘 클 수 있으니까요. 그런데 그 과정을 괴로워하고 남들 앞에 서는 화려한 순간만 즐긴다면 아이도 엄마도 행복할 수가 없을 겁니다.

눈에 보이는 결과는 찰나에 불과하지만 과정은 긴 시간입니다. 그 과정을 즐길 수 없다면 원하는 목표를 이뤘어도 결코 행복할 수가 없겠지요. 특히 내가 원하는 결과물을 얻지 못했다면 더더욱 그렇습니다. 50%의 결과로만 보상받았다 할지라도, 내가 100%의 노력을 했다는 것을 스스로 인정해주면 되는 것입니다. 결국 우리를 평가하는 사람은 바로 우리 자신이니까요.

인생은 몇 번의 큰 사건으로 이루어지는 것이 아니라 지금 이 순간들이 모여서 '내 인생'이 되는 것입니다. 그리고 매 순간 우리는 선택을 할 수가 있습니다. 기왕이면 순간순간 좋은 선택을 하고, 그 선택이 최고의 선택이었다고 믿으세요. 그리고 그 순간에 최대한 집중하고 즐기세요. 그러면 그 자체가 인생 최고의 성취가 될 것입니다.

마음열쇠

제 에베레스트 영상입니다. 당신은 지금 어떤 파티를 준비하고 있나요? 한번 생각해보세요

내 마음을 촉촉하게
샤워해주세요

우리는 흔히 행복이라 하면 돈이나 명예, 성취, 아름다운 옷이나 화려한 파티와 같은 감각적인 행복을 떠올립니다. 하지만 진정한 행복은 지금 이 순간에 존재하는 것, 그리고 그것에 감사하는 마음에서 비롯되지 않을까요. 그런데 그게 쉽지 않습니다. 특히 많은 성취를 이룬 똑똑한 사람들 중에 충분히 행복할 수 있는 상황 속에서도 자신에게 없는 것만 쏙쏙 찾아내거나 남들과 자신을 비교하면서 불행해하는 헛똑똑이가 많지요.

저도 원래는 아주 부정적인 사람이었습니다. 거기에는 어머니의 영향이 컸습니다. 오랜 시간 너무 힘들고 가난하게 살아서인지 어머니는 어떤 상황에서도 부정적인 면만 귀신같이 잡아냈습니다. 돈이 없다고 걱정을 하다가도 돈이 생기면 안 좋은 일이라도 생길까봐 미리 걱정을 하던 사람이었지요. 제가 뚱뚱해서 결혼을 못하는 게 아니냐고 걱정을 하던 어머니는 제가 살을 빼서 나타나자 기뻐하기는커녕 오히려 더 잔소리를 했습니다. "아니 그렇게 살을 빼면 어떡해! 얼굴에 주름 생길 텐데. 너 여기서 더 빼면 안 된다. 너무 말라서 없어 보여!"

어머니의 그런 면이 싫었음에도 그런 어머니 밑에서 자란 저역시 부정적인 면을 포착하는 게 빠릅니다. 그래서 저는 의식적으로 마음챙김 수행을 하며 제 자신을 가다듬습니다. 우리가 매일 샤워를 하듯 108배, 걷기명상, 요가를 하면서 마음샤워를 하는 것이지요. 바쁘다고 이를 소홀히 하면 수십 년간 살아온 습(習)이라는 게 있다 보니 마음에 때가 끼는 느낌이 들어요. 별 일 아닌 일에 분노, 억울함, 질투, 열등감 등의 부정적인 감정들이 스멀스멀 올라와 어느덧 저를 가득 채울 때도 있습니다. 그렇게 마음의 때가 좀 많이 꼈다 싶으면 몇 일간 절에 가서 마음을 목욕하고 옵니다. 조용한 산사와 자연 속에서 깊게 호흡을 하며 해묵은 감정들을 비우고 오는 것이지요.

마음샤워를 하고 나서 고요한 상태가 되면 마음으로 감사한 것들을 떠올려봅니다. 세다보면 감사한 것들이 참 많아요. 우선 살아 있어서 감사하고, 건강해서 감사하고, 가족들 모두 무탈해서 감사하고, 사랑하는 배우자도 있고, 할 일도 있고, 친구들도 있고…. 그렇게 한 사람 두 사람 떠올리다 보면 과거의 수많은 인연까지, 그리고 나 이전에 존재했던 사람들과 우주만물에게 감사의 마음이 뻗어나갑니다. 그래서 아예 저만의 '108 감사문'을 적고 녹음한 것을 틀어놓은 상태에서 108배를 하기도 합니다.

그렇게 감사의 시간을 충분히 갖고 나면 마음속에 행복과 충만함이 차오릅니다. 얼마 전까지 고민했던 모든 것들이 부질없어지며 '사는 게 뭐 별거 있나' 하며 여유로운 마음상태로 돌아가지요. 미워하고 원망했던 사람들에게도 '그들도 힘들었을 거야' 하며 너그러워지지요. 그렇게 꼬여있던 내 마음을 풀고 나면 세상 모든 것은 내 마음에서 비롯되었다는 것을 느끼게 됩니다.

명상이 대단한 것은 아닙니다. 꼭 가부좌를 틀고 제대로 할 필요는 없습니다. 지하철이나 버스를 타고 이동할 때, 아침에 일어나거나 밤에 잠들기 전 유튜브에서 명상음악 틀어놓고 눈을 감고 호흡에 집중하는 것만으로도 충분합니다. 좀더 제대로 해보고 싶다면 가까운 요가 스튜디오에 가는 것도 방법이지요. 기왕이면 요가를 운동으로 접근하는 선생님보다는 수행이 된 분을 찾아보세요. 명상이나 마음 공부하는 곳도 찾아보면 의외로 가까운 곳에 있을 겁니다.

명상하기 가장 좋은 시간은 잠들기 전이나 아침에 막 일어났을 때, 그리고 해가 뜨고 질 때가 아닐까 싶은데요. 잠들기 전 우리가 접하는 것이 우리의 무의식에 영향을 미치고 아침에 일어나 우리가 하는 것들이 우리의 하루에 영향을 미칩니다. 자기 전에 휴대폰을 비행모드로 맞춰놓고 명상음악을 듣거나 좋은 책을 읽으세요. 내가 잠든 사이 내 무의식 속에서 아름다운 그림이 그려져서 아침에 일어났을 때 긍정적인 에너지를 줄 것입니다.

가까운 절이나 교회에 가서 신과 나만의 시간을 갖는 것도 좋습니다. 특히 템플스테이는 제가 늘 추천하는 우리나라 최고의 힐링이고요, 교회나 성당에서 주최하는 피정 또한 좋습니다. 아니면 혼자 나만의 공간에서 고요한 시간을 갖는 것도 좋겠지요. 어지러운 내 마음을 잠시 가라앉히고 고요한 상태에서 객관적으로 나를 바라보면 알게 될 겁니다. 내가 얼마나 훌륭한 사람인지, 얼마나 축복받은 인생을 살고 있는지. 그저 고맙고 또 고마운 인생입니다.

나를 신처럼,
여신처럼 받들어 모셔요

"나는 똑같은 사람인데 왜 어떤 사람은 나를 여신 대접하고, 어떤 사람은 하녀 취급할까?"

몇 년 전, 사랑 때문에 마음이 무척 추웠던 시기에 제가 했던 고민입니다. 그때는 제가 운이 나빠서 저를 함부로 대하는 나쁜 사람을 만났다고 생각했지요. 그런데 시간이 지나서 진짜 이유를 알게 되었습니다. 내가 나 스스로를 여신처럼 대할 때 만났던 사람들은 모두 나를 여신처럼 대접했고, 나 자신을 하찮게 취급하던 시기에 만났던 사람들은 모두 나를 하녀 취급했다는 사실을 말이죠.

그를 만났을 당시의 저는 닥치는 대로 일을 하다가 영혼이 소진된 상태였습니다. 겉으론 씩씩하고 강한 사람이었지만 속으로는 무척 외로웠고 사랑받고 싶었습니다. 그래서 그 사람이 나타났을 때 천덕꾸러기 하녀인 저를 공주로 만들어 줄 왕자님인줄 알았습니다. 그리고 그 사람을 위해 많은 노력을 했습니다. 하지만 제가 하녀 짓을 하면 할수록 그는 저를 함부로 대했습니다. 그가 최소한의 선조차 지키지 않게 되자 저는 한없이 나락으로 떨어지는 기분이 들었고 결국 그와 헤어지게 되었습니다.

오랜 치유의 시간을 거친 후 저는 나 자신을 좀더 대접해보기로 했어요. 8평 원룸에서 대충 인스턴트 음식을 먹던 라이프스타일을 정리하고, 30평대 집으로 옮기고 나를 위해 정성껏 요리를 해서 먹었습니다. 매주 마사지를 받고 야외에 나가 산책을 하며 좋은 기운으로 나를 채웠습니다. 타인의 무리한 요구에도 'No'라고 말하기 시작했고요. 그렇게 저는 훨씬 더 여유로워졌고 더 이상 저를 구제해줄 왕자님을 필요로 하지 않게 되었죠. 그렇게 제가 스스로를 여신처럼 대접하자 휴대폰에 제 번호를 '여신님'이라고 저장하는 지금의 남편을 만나게 되었습니다.

앞에서 제가 스스로를 무조건적으로 사랑하라고 했지요? 신을 생각해보세요. 하느님, 예수님, 부처님, 알라님 등 누가 됐든 우리는 그들을 절대적으로 믿고 무조건적으로 사랑합니다. 그렇다면 나 자신을 신이라 생각하고 스스로를 절대적으로 믿고 무조건적으로 사랑하면 어떨까요? 하늘에도 신이 있지만 우리 마음속에도 신이 있으니까요.

누군가 나의 신을 모독하면 질색하며 반박하듯, 누군가 나를 모독하면 이를 정정해주세요. 우리가 신에게 끊임없이 감사기도를 드리듯, 자기 자신에게 감사할 것들을 끊임없이 찾아보세요. 우리가 바라는 것이 있으면 간절한 마음으로 기도를 하듯, 자기 스스로에게 꼭 이룰 수 있다고 되뇌어 주세요.

우리의 일상도 바꿔보세요. 절이나 교회처럼 내 공간을 정갈하게 유지하며 공간에 대한 예의를 갖추세요. 나만의 신전을 만들어 내가 좋아하는 그림, 장식물, 사진 등을 놓고 초와 꽃으로 아름다운 향기를 채우세요. 가급적이면 깨끗하고 건강한 유기농 음식을 드세요(유기농 음식이 비싸서 부담스럽다면 먹는 양 자체를 줄이면 됩니다). 하루에 한 번씩 나만의 고요한 시간을 만들어 명상을 하거나 나 자신에게 감사를 바쳐보세요. 일주일에 한 번 정도 마사지를 받거나 반신

나 자신을, 내가 만나는 모든 사람을
신처럼 여신처럼 받들어 모신다면
어둠 속에서 전구가 켜지듯
당신의 내면이 밝아질 것입니다.

욕을 하면서 나 자신을 최대한 대접해주는 것도 좋지요. 공원에 나가 산책을 하거나 일광욕을 하면서 태양의 기운을 내 몸 가득 충전하는 것도 좋습니다.

나뿐만 아니라 내가 만나는 모든 사람들의 내면에도 신이 존재한다는 사실을 기억하세요. 그래서 인도의 인사말 '나마스테'는 'I honor you' 즉 '내 안의 신이 그대 안의 신에게 경의를 표합니다'라는 뜻입니다. 내 안의 여신을 존중하는 만큼 그들의 신도 존중해주세요. 궁극적으로 너와 나는 분리되어 있지 않고 모두 하나의 존재로 이어져 있으니까요.

이렇게 나 자신을, 내가 만나는 모든 사람을 신처럼 여신처럼 받들어 모신다면 어둠 속에서 하나씩 하나씩 전구가 켜지듯 당신의 내면이 밝아질 겁니다. 고요함과 평화가 부정적인 감정들을 희석시킬 겁니다. 점점 세상을 향한 사랑이 커지고 타인에게 너그러워질 겁니다. 당신의 삶은 달라질 거고 진정한 행복을 맛보게 될 겁니다.

우선 청소부터 합시다. 정말 아끼거나 나를 설레게 하는 물건들만 남기고 쓸데없는 물건을 버리세요. 좋은 수건이나 그릇을 꺼내고 이불빨래도 하고 집 전체에 환기와 통풍을 시켜주세요. 그 다음 한 공간을 비워 이 곳을 나만의 신전으로 지정합시다. 그 곳에 당신이 좋아하고 소중하게 여기는 것들로 채워주세요.

그리고 내 안의 여신을 만나는 시간도 정해보세요. 잠들기 전이나 아침에 눈뜨고 나서 15분도 좋고 일요일 밤 9시도 좋습니다. 하루 또는 한 주의 모든 오염이 씻겨나가고 다시 새로운 영혼으로 태어날 수 있는 나만의 규칙적인 의식도 만들어보세요. 그밖에도 나를 신, 여신으로 만들기 위해 할 수 있는 것이 무엇이 있을지 찾아보세요.

▶
○
◆

낯선 이에게
친절을 베풀어 보세요

2014년 미국여행 때의 일입니다. 당시의 저는 겉보기에는 팔자 좋은 세계 여행가였지만, 번아웃 증후군의 후유증으로 영혼이 방전되어 버린 상태였고, 실연의 아픔으로 하루에도 열두 번씩 슬픔이 밀려왔습니다. 캐나다 로키 산맥의 아름다운 광경을 보면서도 아무것도 느낄 수 없었을 정도로 마음이 메말라 있었습니다.

시카고에 간다고 하자 친구가 시카고에 사는 지인에게 저를 좀 챙겨달라고 부탁한 모양입니다. 감사하게도 그 지인 분은 제 숙소까지 와서 절 픽업한 다음 시카고 곳곳을 구경시켜 주셨습니다. 맛있는 점심도 사주시고, 자신의 아내가 운영하는 네일샵에 데려가 매니큐어와 페디큐어까지 받게 해주셨죠. 저녁시간이 되자 그분은 고급스러운 중국식당으로 저를 데려갔고, 랍스터부터 시작해 온갖 비싼 요리를 시켜주셨습니다. 저는 감사한 마음에 저녁식사는 꼭 제가 대접하려고 마음먹고 있었습니다. 그런데 그때 그분이 하신 이야기는 뜻밖이었습니다.

"제가 미국에 처음 이민 왔을 때 사기를 당해서 전 재산을 잃었습니다. 그래서 한동안 먹고살기 위해 공사현장에서 막노동을 했었죠. 한국에서는 잘나갔던 제가 육체노동을 한다는 사실을 받아들이기 힘들었습니다. 특히 말끔한 제 모습만을 봐왔던 자녀들 앞에서 면목이 없더군요. 그런데 어느 날 사장님께서 저희 가족들을 이 식당으로 불러 우리가 오늘 먹는 것처럼 온갖 비싼 음식들을 사주셨어요. 아이들은 간만에 신나서 열심히 먹었지요. 그 사장님이 이민 와서 해보지도 않은 일 하면서 고생이 참 많다며 자신이 처음 이민 왔을 때 고생한 얘기를 해주시더군요. 그때 결심했어요. 내가 나중에 성공하면 사람들에게 똑같이 베풀어 주겠다고."

고군분투 끝에 그 분은 현재 3개의 사업체를 가진 사장님이 되었고 이렇게 베풀 수 있는 위치가 되어서 기쁘다고 하셨습니다. 그래서 저는 차마 식사비를 계산하지 못했습니다. 대신 나중에 감사의 편지를 보냈지요. 살면서 다시 못 볼지도 모르는 낯선 사람에게 그 분이 베풀어준 친절은 당시 우울하고 슬펐던 저에게 너무나 크고 따뜻한 감동으로 다가왔습니다. 그래서 저 역시도 기회가 될 때마다 베풀어야겠다고 생각을 했지요.

다행히도 그 기회는 금방 찾아왔습니다. 아직까지도 내전의 아픔이 깊은 콜롬비아에서 고아 730명을 키워낸 '처녀엄마'를 만났거든요. 하루아침에 고아가 된 아이들을 구해오려다 게릴라들에게 수도 없이 납치를 당하고 총살당할 뻔도 했지만 신념을 가지고 상처 입은 아이들의 삶을 치유하고 성장시켜온 그녀의 고아원 증축공사에 공사비를 보탰습니다. 그날은 마침 제 생일이었기에 더욱 기분이 뿌듯했습니다. 나 자신을 위한 최고의 선물이라는 생각이 들었지요.

우간다에서 우연히 만난 플로렌스 커플도 그랬습니다. 평생을 학대당하고 살다가 사랑하는 남편을 만나 네 아이를 키우던 그녀는 재활용 주사기에 감염되어 에이즈 환자가 되었습니다. 그런 그녀를 오히려 품어주고 지켜주는 남편 레오와 그런 남편에게 한없이 감사하고 존경하는 플로렌스의 모습은 제게 큰 감동을 주었습니다. 그동안 병원비로 많은 빚을 진 그들의 꿈은 다시 재기해서 아이들이 학교를 마칠 수 있도록 하는 것. 그래서 저는 그들이 장사를 할 수 있도록 종잣돈을 지원했고, 그 돈으로 그녀는 시장에서 옷 장사를 시작했습니다. 장사가 꽤 잘되어 아이들의 학비를 더 이상 밀리지 않게 되었습니다. 그들은 아직도 제게 주기적으로 이메일을 보내 자신들의 소식을 알립니다.

이 모든 베풂에 대해서 저는 아직까지도 뿌듯하고 자랑스럽게 생각하고 있습니다. 앞으로 더 베풀고 나누기 위해서라도 부자가 되어야겠다고 생각할 정도니까요.

때로는 이렇게 아무것도, 심지어는 고맙다는 말 한마디조차 기대하지 말고 그냥 누군가를 돕는 그 자체에서 기쁨을 얻어 보세요. 엄청난 도움이 아니어도 됩니다. 꼬부랑 할머니의 리어카를 뒤에서 같이 밀어줘도 좋고, 노숙자들에게 음식을 나눠줘도 좋고, 내 뒤에 있는 동료의 커피를 슬쩍 미리 계산해놓을 수도 있겠지요. 가까운 사람에게 베푸는 것도 좋습니다. 하지만 인간이라는 존재는 묘하게도 내가 베푼 만큼 돌려받고 싶어 하는 어리석은 본성이 있습니다. 그래서 차라리 다시 볼 일이 없는 사람에게 베푸는 것이 돌려받는 것에 대한 집착 없이 선행을 행하는 좋은 방법이지요.

결국 우리 모두는 연결되어 있습니다. 낯선 이에게 친절을 베푸는 것 또한 나에게 친절을 베푸는 것과 마찬가지입니다. 내가 하는 행위는 모두 내게로 돌아옵니다. 타인에게 건네는 따뜻한 말 한 마디도 결국 내 귀로 돌아오고, 타인에게 주는 작은 호의도 결국 내 마음이 압니다. 결국 도움을 받은 사람보다 당신이 훨씬 더 행복해질 겁니다.

마음열쇠

현금이나 작은 선물, 그리고 카드와 펜을 가방에 챙겨 다니세요. 그리고 그때그때 감사를 표하고 싶은 사람들에게 선물을. 길을 가다가 도움주고 싶은 분이 있다면 약간의 현금을 주는 것도 좋습니다. 응원의 메시지가 담긴 카드를 같이 건네면 더 좋겠지요?

때로는 인생에
나를 내맡겨보세요

아이를 갖고 싶었습니다. 몇 달을 시도했지만 아이가 생기지 않자 저는 임신에 좋다는 음식을 먹는 것뿐만 아니라 매일같이 108배를 하고 전국의 절과 교회에 찾아가 기도를 했습니다. 아무리 의학이 발전해도 생명을 잉태한다는 것은 기적이 필요한 영역이니까요.

한 번은 엄마의 추천으로 청량리의 한 병원에 계시는 80대 후반의 수녀님을 찾아갔습니다. 그분의 기도 덕에 병이 나았다는 소문 때문인지 그 수녀님을 뵙기 위해 정말 많은 사람들이 와있었습니다. 무려 2시간이나 줄을 서 있다가 문득 주변을 둘러보니 줄 선 사람들은 한눈에 봐도 늙고 가난하고 병든 사람들이었어요. 혼자 힘으로 서있기도 힘들어 보호자의 부축을 받은 사람, 휠체어를 타고 링거를 꽂은 사람, 멀리 시골에서 오신 꼬부랑 할머니…. 그들 사이에 서 있던 제 자신이 부끄러웠습니다.

'나는 젊고, 건강하고, 가족들도 모두 살아 있고, 먹고사는데 어려움이 없으며 사랑하는 남편도 있다. 이렇게 모든 걸 다 가진 내가 하나 더 갖고 싶은 욕심에 이 힘든 사람들과 같은 줄에 서 있어도 되는 걸까?'

이런 생각에 사로잡혀 있는데 복도 옆 홀에서 미사가 시작되었고, 거기서 흘러나오는 기도소리에 맞춰 줄 서 있던 사람들이 함께 기도를 하기 시작했습니다. 그 기도가 어찌나 절박하고 간절하게 들리는지 걷잡을 수 없는 눈물이 흘렀지요. 그리고 저는 마음먹었습니다. '아이가 생기면 감사한 마음으로 키우고 그렇지 않더라도 더 많은 아이들을 내가 품어주고 키워야겠다'. 그렇게 욕심과 집착을 내려놓고 인생에 나를 내맡기자 내 마음은 조금 더 자유로워졌습니다.

저는 'Life knows better', 즉 '인생이 우리보다 더 잘 알고 있다'라는 말을 참 좋아합니다. 이 문구를 접하게 된 것은 마이클 싱어(Michael A. Singer)의 《될 일은 된다The Surrender Experiment》라는 책이었는데요. 50년 전 플로리다의 한 대학원생이었던 저자는 명상에 빠져 홀로 조용히 살고 싶어 했습니다. 그런데 자꾸 그가 원치 않는 일을 해야만 하는 상황이 닥쳐왔지요. 그는 '하기 싫다'는 마음속의 생각을 잠시 접어두고 인생이 주는 모든 기회에 순응하기로 합니다. 자신의 인생을 걸고 'surrender experiment', 즉 내어맡기기 실험을 한 거죠. 이 모든 경험이 나를 어디까지 데려가는지 한번 지켜볼 심산으로 말입니다.

그래서 그는 내키진 않았지만 박사를 땄고 대학교수가 되었습니다. 명상하고 싶어 텅 빈 들판을 사서 혼자 집을 짓고 살았는데, 어느 날 자신의 집도 지어달라는 사람이 나타나서 예상치 못하게 건축업자가 되었습니다. 그리고 누군가 자신의 땅에 무단으로 집을 짓는 것을 보고도 화를 참고 이를 받아들였지요. 그것을 시작으로 그의 땅에는 'Temple of universe'라는 영성공동체가 수십 년에 걸쳐 형성되었고 세기의 구루들을 포함한 많은 사람들이 그곳을 다녀갔습니다. 또한 컴퓨터가 처음 등장했을 때 재미로 프로그램을 짜다가 주변의 요청에 못 이겨 이런저런 프로그램을 만들기 시작한 것이 미국의 의료전산화를 이끌었고, 나스닥에 상장하는 거대한 기업으로 성장하기도 했습니다.

그는 주어진 상황에 대한 자신의 호불호 뿐만 아니라 자신의 목표나 계획에 대한 집착을 비우고 매 순간 명상하듯 집중해서 최선을 다해 살았습니다. 그러자 운명은 신기하게도 그의 삶을 예상치 못한 곳으로 이끌어 갔지요. 우리 삶도 돌이켜보면 그때는 그렇게 싫어했던 일이 궁극적으로는 우리의 운명을 바꿔놓은 신묘한 경험들이 많이 있을 것입니다. 몇 십 년이 흘러야 그때 일어난 사건의 이유를 이해하기도 합니다.

제 여동생은 수능을 마치고 갑자기 연극영화과를 가겠다고 선언했습니다. 그쪽으로 준비되지 않은 상태였으니 당연히 지원한 모든 대학에 불합격했고 결국 재수를 하게 되었습니다. 동생이 재수하는 과정에서 제가 살던 좁은 원룸에서 같이 살게 되어 많이 싸우기도 하고 제 공간을 뺏긴 것에 많이 힘들어 했습니다. 결국 동생이 다시 본 수능점수는 전년도와 다를 바 없었고 목표한 연극영화과가 아닌 다른 전공을 선택하자 저는 "왜 괜한 짓을 했냐!"며 동생을 타박했습니다.

한편 중증 아토피로 고등학교도 거의 가지 못했던 제 남편은 눈물겨운 노력 끝에 원하는 대학에 수시합격 했지만 수능점수가 0.8점 부족하게 나와 그 학교를 가지 못했습니다. 담임선생님이 너무나 아쉬워하며 재수를 강력하게 권했지만 투병으로 혼자 보낸 시간이 많았던 남편은 그냥 다른 학교에 진학했고 그 덕분에 제 여동생과 동창이 되었습니다. 그리고 그 인연이 저에게까지 이어져 10여 년이 훌쩍 지난 지금 제 남편이 되었지요.

만약 제 동생이 재수하지 않고 다른 학교에 갔거나 남편이 0.8점을 더 맞아서 원래 합격한 대학을 갔다면 이 인연의 끈이 이어지지 않았을 텐데, 두 사람에게는 암울했던 기억이 또 이렇게 새로운 운명을 만들어주었습니다. 이렇게 인생이란 과거의 수많은 순간들에서 출발한 선들이 이어져 각자의 방향으로 흘러가다가 어느 순간에 다시 만나서 새로운 파동을 만들어내는 인과관계의 연속이 아닐까요.

소설이나 영화를 보면 '복선'이라는 것이 있습니다. 처음에 읽을 때는 별것 아닌 요소였는데 나중에 결정적인 장면이 되면 '그때 그것이 이걸 암시하는 거였구나!' 하고 알게 되지요. 그래서 소설을 읽는 독자나 영화를 보는 관객이 복선을 인지하고 주인공을 향해 '거기에 넘어가면 안 돼, 그거 복선이라고!'라고 외쳐도 주인공은 미련하게 겪어야 할 일을 모두 겪게 됩니다. 그리고 나중에야 그 모든 정황을 깨닫게 되지요.

마찬가지로 우리 삶의 수많은 경험들도 먼 미래에 다가올 더 큰 일의 복선으로 존재하기도 합니다. 우리가 엉뚱한 방향으로 가고 있을 때 우주가 우리의 옆구리를 쿡 찔러 알려주지만 우리의 인지능력으로는 이를 쉽게 깨닫지 못하지요. 삶이 우리에게 주려고 하는 깨달음이 어른의 수준이라면 우리의 현재 깨달음 수준은 유치원생 정도이니까요. 그래서 어느 랍비는 "우주는 너에게 롤스로이스를 주려고 하는데 너는 왜 마티즈를 달라고 기도하는가?"라고 말하기도 했습니다.

당신의 인생을 우주에 내맡기세요. 우주는 그리고 인생은 우리가 생각하는 것보다 훨씬 더 큰 계획을 갖고 있을지도 모르니까요. 상황이나 결과에 집착하지 않을수록 마음의 자유도 얻을 수 있게 됩니다. 때로는 인생과 싸우지 말고 순응하며 받아들여보세요. 그리고 내게 주어진 기회에 정성을 다해보세요. 애씀 없이 흐르다 보면 내가 원했던 것보다 훨씬 더 좋은 곳으로 도달해 있을지도 모르니까요.

당신의 인생을 우주에 내맡기세요.
인생과 싸우지 않고 애씀없이 흐르다 보면
내가 원했던 것보다 훨씬 더 좋은 곳으로
도달해 있을지도 모르니까요.

세상을 축복하세요
세상도 나를 축복해줄 거예요

지방의 한 대학에서 신입생들 대상으로 자존감에 관한 심리검사를
실시했습니다. 결과에 따라 자존감이 가장 낮은 학생들을 따로 모아
캠프를 열었습니다. 특강 강사로 가게 된 제가 도착한 캠프장의 입
구에는 '자존감 회복을 위한 힐링캠프'라고 쓰인 배너가 곳곳에 있
더군요. 마치 그 배너가 참가자들에게 '너희들은 자존감이 낮아서
치유가 필요한 아이들이야'라고 외치고 있는 것 같아 저는 마음이
편치 않았고, 역시나 참가자들의 표정도 좋지 않았습니다.

웅성웅성하는 가운데 강연을 시작했는데 한 학생이 선글라스

를 끼고 있기에 "쌍꺼풀 수술했어요?"라고 농담을 던졌습니다. 그는
방어적인 태도로 "무슨 얘기를 해도 전 안 들을 거예요."라고 답하며
이어폰을 끼더군요. 이런 일을 처음 겪어 당황스러웠던 저는 강연을
하면서도 이 아이에게 자꾸 시선이 갔습니다. '저 아이는 그동안 무
슨 일을 겪었길래 이렇게 상처가 많을까' 하는 의문이 들었지만 다
른 아이들 앞에서 캐물을 수도 없었죠. 그래서 강연 중 청중들이 잠
시 눈을 감고 자신의 미래를 상상하는 시간에 그 아이에게 다가갔
습니다. 그리고 그 아이의 어깨에 손을 가만히 올려놓고 마음속으로
그 아이에게 말했습니다. '네가 무슨 일을 겪었든 넌 소중한 아이야.
진심으로 네가 행복했으면 좋겠다'

그렇게 잠깐의 스킨십이 있었을 뿐인데 그 아이의 태도는 조
금씩 달라졌습니다. 한 쪽 이어폰을 귀에서 빼더니 나중에는 나머
지도 뺐습니다. 강연이 끝날 무렵 선글라스를 벗고 강연을 경청하
는 그 아이의 눈에는 눈물이 고여 있더군요. 무슨 사연이 있는지는
모르지만 제가 건넨 따뜻한 온기가 충분히 전해졌다고 느꼈습니다.

양자물리학에 따르면 인간의 의식은 에너지를 변화시킬 수 있
다고 합니다. 하다못해 물 한잔도 축복의 말을 해주면 분자의 결정
이 변한다고 하지요. 인도에서 요가를 하던 시절, 생일을 맞은 사람

을 눕혀놓고 눈을 감게 한 후 모든 사람이 그 사람을 둘러싸고 온갖 칭찬의 말을 속삭였어요. 그렇게 칭찬을 들으면 온몸이 부르르 떨릴 정도로 황홀해집니다. 사랑과 축복의 언어들이 세포 속까지 깊숙이 침투해 마치 자아가 고급 스파를 받는 것처럼 촉촉해지는 느낌이라면 상상이 가시나요?

그런 기분을 누군가에게 선물해보는 건 어떨까요? 만나는 모든 사람을 축복해보세요. 말로 축복하기가 쑥스럽다면 '당신의 행복을 빕니다' 하고 마음속으로 생각해보세요. 축복을 내릴 때마다 나도 모르게 온화한 미소와 따뜻한 에너지를 뿜어내게 될 겁니다. 그러면 나도, 상대방도 행복해지지요.

저는 어린 아이들과 눈이 마주칠 때마다 '건강하게 자라렴' 하고 마음속으로 속삭입니다. 리어카를 밀고 가는 어르신들을 보면 속으로 '그동안 고생 많으셨죠? 건강하세요'라고 말하고 식당에서 함께 밥 먹는 가족들을 보면 '지금처럼 늘 행복하세요'라고 말하고요. 아름다운 꽃들에게도 '이렇게 아름답게 피어줘서 고마워' 또 강아지나 고양이에게도 '너 참 사랑스러워'라고 속으로 말해줍니다.

또 뉴스를 보다가 안타까운 사망 기사가 나면 '고인의 명복을 빕니다' 하고 읊조려봅니다. 안타깝고 기구한 사연의 주인공에게는 '당신이 앞으로는(또는 다음 생에는) 행복했으면 좋겠어요' 하고 빌어

봅니다. 언젠가 제 기도가 그분의 영혼에 닿기를 바라면서….

　만약 좋아하는 사람이 있지만 수줍어서 다가가지 못하고 있다면 그 사람을 볼 때마다 마음속으로 '사랑합니다. 당신도 곧 내게 반할 거예요'라고 마음속으로 주문을 걸어보세요. 그 사람이 신기나 텔레파시가 없어도 당신을 대하는 태도가 달라질 거예요. 왜냐면 당신이 마음속으로 그렇게 말할 때마다 당신에게서 사랑에너지가 가득 뿜어져 나오거든요. 당신의 눈빛과, 미소에 그 사람도 곧 빠져들 겁니다.

　밉고 싫은 사람은 어떻게 해야 할까요? 미운 감정이 올라올 때마다 마음속으로 '당신이 정말 잘되었으면 좋겠어요'라고 말하고, 심지어 눈앞에서 내게 소리를 지르더라도 '당신도 많이 힘들었죠? 앞으로는 평온하시길 바래요'라고 말하며 그 사람을 안아주는 상상을 해보세요. 그들에 대한 미움이 한결 사그라들면서 그들 또한 한결 부드러워질 겁니다. 왜냐하면 감정은 전염되는 것이라 싫은 감정은 아무리 애를 써도 티가 나고, 여기에 미움으로 맞받아치고 싶기 때문입니다. 반대로 나를 좋아하는 사람의 눈에 하트가 뿅뿅 뜨면 나도 더 잘해주고 싶은 마음이 드니까요.

당신 참 귀하고 소중한 사람이에요.

지금 그 모습 그대로 당신이 참 좋아요.

당신 덕분에 얼마나 많은 사람들이 행복한지 몰라요.

지구에 와줘서, 이렇게 존재해줘서 고마워요.

내가 세상을 축복하면 할수록, 포용하면 할수록, 그 축복은 내게 돌아옵니다. 내가 타인을 품어주고 사랑해줄수록 나 스스로가 치유되고 충만해지고요. 처음부터 긍정적이고 행복하게 태어난 사람이 몇 명이나 있겠습니까. 감사하고 축복하는 연습을 의식적으로 하다보면 행복이 익숙해지는 순간이 올 거예요.

내게 칭찬을 해줄 사람이 없으면 스스로 칭찬을 해주세요. 아니, 제가 해드릴게요. 당신 참 귀하고 소중한 사람이에요. 지금 그 모습 그대로 당신이 참 좋아요. 당신 덕분에 얼마나 많은 사람들이 행복한지 몰라요. 지구에 와줘서, 이렇게 존재해줘서 고마워요.

마음열쇠

호오포노포노(Ho'oponopono)를 아시나요? 고대 하와이인들이 용서와 화해를 위해 발전시켜온 문제 해결법인데요. 호오포노포노에서는 지금 이 순간 우리가 겪고 있는 모든 상황은 억겁의 세월을 아우르는 의식 영역인 잠재의식 내에 존재하는 업보의 작용이라 여깁니다. 그래서 업장을 소멸하는 진언처럼 '미안합니다. 용서하세요. 감사합니다. 사랑합니다'라고 마음속으로 되뇌이며 정화하면 우주가 이를 접수해 처리한다고 하네요. 별로 어렵지 않으니 한번 시도해보고 마음의 변화를 관찰해보세요!

▶

○

◆

행복은 지금 이 순간,
바로 여기에 있습니다

"원하는 대학에 떨어져 재수 대신 호주 워킹홀리데이를 결정했어
요. 제가 가서 잘 적응할 수 있을까요? 나중에 한국에 돌아와 대학에
진학했을 때 나이가 많은 게 문제가 될까요?"

"어렸을 때부터 노래하고 춤추는 것을 좋아해 연예인을 꿈꿨는
데 부모님 반대로 포기했어요. 반면 초등학교 때 같이 노래하던 친
구는 톱스타가 됐어요. 당시의 제가 왜 그런 선택을 했는지 후회스
럽고 부모님이 원망스러워요."

오지 않은 미래를 걱정하거나 이미 지나가버린 일을 후회하는

분들로부터 고민상담 요청을 받는 경우가 많습니다. 저 역시도 불안정한 시기를 지나왔기 때문에 그 초조한 마음 잘 이해합니다. 우리모두는 확실한 걸 좋아하니까요.

모든 근심은 부정적인 생각으로부터 생겨나는데 그 중에서도가장 의미 없고 어리석은 것이 바로 지나간 일에 대한 후회와 오지않은 미래에 대한 걱정입니다. 만약 점심식사를 하는 중에 "아침을왜 그렇게 맛없는 걸 먹었을까?" 하고 후회하거나 "맛없는 저녁을먹으면 어쩌지?" 하고 걱정한다면 지금 먹고 있는 음식에 집중할 수가 없을 겁니다. 마찬가지로 미래에 대한 걱정에 함몰되면 지금 현재의 행복을 놓치기 마련이지요.

음식 한 조각을 10분 동안 씹어보세요. 아무 생각 없이 베어 문사과 한 알에도 우주가 있습니다. 그 안에 태양이 있고 바람이 있고물이 있고 흙이 있습니다. 이 사과를 정성껏 키운 농부의 삶이 있고,이 사과를 배달해 준 트럭을 발명하고 만들고 몰아온 수많은 사람들의 노고와 사과를 파는 할머니의 고단한 하루, 그 사과를 팔아 번 돈을 밑천삼아 시작되는 새로운 하루가 있습니다. 사과의 파편이 분자형태로 내 몸속에서 에너지원으로 재생산되고 이것을 바탕으로 오늘 하루를 살아갈 생명력이 연장됩니다.

이렇게 생각해보면 우리가 먹고 마시고 만지고 느끼는 모든 것이 경이로운 일입니다. 아니, 우리가 세상에 태어나서 존재하는 것 자체도 기적입니다. 그 많고 많은 사람들 중에서 엄마아빠가 만나 사랑에 빠졌고 엄청난 경쟁률을 뚫고 내가 태어났습니다. 그들의 사랑 덕분에 우리가 이렇게 건강하게 성장했고요. 수백만 순간의 경험과 감정이 누적된 결과 '나'라는 자아가 형성되어 사물을 지각하고 판단할 수 있게 되었지요.

당신의 눈앞에 있는 사람의 존재도 마찬가지입니다. 그에 앞서 그의 수많은 조상들, 그들의 수백만 년 삶이, 수많은 기적이 있었기에 이 사람이 내 앞에 있을 수 있는 것입니다. 제가 이 글을 쓸 수 있는 것도 과거의 수많은 경험과 깨달음이 있었기 때문이고, 당신이 지금 이 글을 보고 있는 것 또한 문명의 발전과 기술의 혁신을 가능케 한 수많은 사람들의 노력 그리고 당신과 나의 인연이라는 또 다른 기적 덕분이지요. 그렇게 보면 이 세상에 귀하지 않은 사람이 없고, 귀하지 않은 경험이 없습니다.

이렇듯 내가 우주이고, 우주가 나이고, 우리가 만나는 모든 이가 우주입니다. 그리고 우리는 이 우주로부터 '지금 이 순간'이라는 찰나를 선물 받아 매 순간 내 마음을 결정할 기회를 갖게 됩니다. 행복해지기로 선택할 수도 있고 불행해지기로 선택할 수도 있습니다. 내가 원하는 삶을 위해 도전할 수도 있고 남을 원망하고 비난만 할 수도 있습니다. 아무 선택도 하지 않는 것 또한 우리의 선택이고, 이 모든 선택의 결과는 우리에게 돌아옵니다. 당신이 그토록 걱정하는 미래의 어느 순간에 말이죠.

1400년 전 노자는 "마음이 과거에 있으면 우울하고, 미래에 있으면 불안하다."고 말했지요. 과거의 실수를 타산지석으로 삼고 어느 정도 미래를 예측하고 대비하는 것도 인생에 도움이 되지만 가장 중요한 일은 현재 주어진 상황을 있는 그대로 받아들이고 내가 할 수 있는 최선의 선택을 하는 것입니다. 과거에 그토록 걱정하고 불안해했던 미래가 지금 왔는데 이를 무의미하게 흘려보내면 미래에 다시 후회스러운 과거로 기억될 테니까요.

'지금 이 순간'은 잠시 후에 사라집니다. 그러니 최선을 다해 지금 이 순간을 꼭꼭 씹어 음미하세요. 일할 때는 일하고, 놀 때는 놀고, 먹을 때는 먹는 겁니다. 잘 때는 자고 사랑할 때는 사랑하세요. 눈앞에 펼쳐진 모든 것에 감사하세요. 내 앞에 있는 사람을 사랑하는 마음으로 바라보세요. 당신의 우주를, 당신의 마음을 선택하세요. 행복은 바로 여기에 있습니다.

마음열쇠

'마음챙김'을 아시나요? 영어로는 'Mindfulness', 팔리어로는 'Sati' 라 하고 불교에서는 깨달음에 이르는 여덟 가지 바른길인 8정도 중 정념(正念) '바르게 깨어있음'을 의미합니다. 이 분야의 선구자인 카밧진(Kabat-Zinn)은 마음챙김을 '순간순간 일어나는 생각이나 감정 및 감각을 있는 그대로 인정하고 수용하면서, 비판단적이고 또렷하게 알아차리는 것'이라고 정의했는데요. 마치 '내가 지금 우울하구나' '내가 지금 화를 내고 있구나' 와 같이 나로부터 한 발짝 물러나 또 다른 나를 지켜보는 거지요. 그렇게 하면 순간순간의 감정에 함몰되지 않고 현재의 경험을 수용할 수 있습니다. 예를 들어 폭식하는 사람이 배가 고프다고 바로 냉장고를 열기보다는 '내가 지금 뭔가 먹고 싶구나' 하는 것을 잠시 인지하는 것만으로도 잠깐 멈춰 몸과 마음을 분리시키고 욕구의 근원을 파악하고 개선시킬 수 있지요. 실제로 마음챙김을 바탕으로 하는 인지치료 프로그램들은 몸의 통증이나 우울증, 공황장애, 체중감소 등에서 효과를 보인다고 합니다. 혼자서라도 마음챙김을 실험해보면 어떨까요?

나만의
만트라를
만드세요!

산스크리트어로 만트라(mantra), 한자로 진언(眞言)은 '영적 또는 물리적 변형을
일으킬 수 있다고 여겨지고 있는 발음, 음절, 낱말 또는 구절'입니다. 자신의 몸을
보호하고 정신을 통일하고, 또는 깨달음의 지혜를 획득하기 위해서 외우는 신비
적인 위력을 가진 '주문'이지요. '옴~' 하면서 호흡을 가다듬는 것뿐만 아니라 가
야트리, 파바만타, 샨티 등 다양한 만트라가 존재하고 티벳 불교에서는 '옴마니받
메훔'을 암송합니다. 기독교인이라면 주기도문, 불교신자라면 반야심경을 독송하
는 것도 일종의 만트라라고도 볼 수 있습니다.

저는 인도의 아쉬람(ashram)에 있을 때 만트라를 접했습니다. 매일 새벽 2시간,
저녁 2시간 만트라를 암송하는 것이 너무나 지겹고 답답했는데 신비하게도 킬리
만자로에서 고산증으로 죽을 것만 같던 그 순간 그 만트라를 외우며 버텨내는 제
자신을 발견했습니다. 만트라의 위력을 체감했지요.

그리고 몇 년 전 남도의 한 절에서 템플스테이를 하며 고요한 나날을 보내다가 문
득 떠오른 제 인생의 인생선언문을 휘휘 써내려갔습니다. 마음이 어지러워질 때,
내가 초라해질 때, 부정적인 생각으로 가득할 때 찾아서 큰소리로 읽곤 합니다.

… 김수영의 인생선언문

- 나는 건강한 음식과 균형 있는 생활, 규칙적인 운동, 긍정적인 마인드와 꾸준한 명상과 요가를 통해 맑은 얼굴과 탄력 있는 몸매가 밝은 에너지로 가득한, 존재 자체만으로도 빛나는 매력적인 여자이다.
- 나는 친구들과 가족과의 친밀한 관계를 통해 행복을 주고받고 만나는 한 사람 한 사람에게 진심을 다하고 그들의 행복과 평화를 빈다.
- 나는 전세계 곳곳의 사람들에게 꿈과 사랑을 전파하여 더 많은 사람들이 조금이나마 더 행복하게 살 수 있도록 돕는 일을 한다.
- 나는 늘 초심을 잃지 않고 겸손한 자세를 유지하며 내가 가진 것을 아낌없이 나누며 이 세상이 내가 태어났을 때보다 죽을 때 조금이나마 더 따뜻한 곳이 될 수 있도록 노력한다.
- 나는 사랑하는 사람을 있는 그대로 사랑하고 존경하며 인생의 소중한 순간들을 함께 공유한다.
- 우리는 행복한 가정을 이루고 어려운 일이 있을 때도 서로를 지지하고 헌신하며 아이들 한명 한명을 인격체로 존중하며 사랑으로 키운다.
- 나는 새로운 모험을 즐기고 도전을 멈추지 않되 늘 주변을 돌아보고 충분한 휴식을 취하며 내 영혼의 속도대로 나아간다.
- 나는 늘 감사하고 또 감사한다. 매 순간이 가장 소중한 순간이니 바로 지금 여기에 존재한다.

너무 길죠? 그래서 6줄로 요약해 저만의 만트라로 만들었습니다.

… 내 인생의 만트라

나는 아름답다.
나는 소중하다.
나는 꿈을 이룬다.
나는 사랑한다.
나는 행복하다.
내 인생은 축복이다!

만트라라고 하면 다소 낯설 수 있어서 저는 이걸 '마법의 주문'이라고 부릅니다. 그래서 강연에 갈 때마다 사람들에게 이를 외치게 하지요. 이걸 읽는 이들이 자기도 모르게 입꼬리가 올라가는 것을 보게 됩니다.

눈치 채셨는지 모르겠지만, 이 만트라는 "이렇게 될 것이다" 또는 "되고 싶다"가 아닌 이미 되었다고 가정하고 단정적으로 썼습니다. 뇌는 가정과 현실을 구분하지 못하기에 말의 힘은 참 큽니다. 그래서 긍정적인 확언이 내 무의식으로 침투하게 하여 나의 신념을 바꿀 수도 있는 것이지요. 그러니 여러분만의 만트라를 만들어보세요.

이 책을 읽으신 모든 분께 또 하나의 만트라를 선물합니다!

우주의 모든 것은 내 마음에서 탄생한다.
나는 그 무엇도 될 수 있고,
그 무엇도 되지 않을 자유가 있다.
나는 내 인생을 창조한다.

나만의 만트라를 만드세요!

행복 이상의 자유,
여여하게 산다는 것

마음스파 프로그램을 마치신 여러분 축하드립니다! 겪어보니 어떠
신가요? 생각이 정리되고 마음이 좀 치유되셨나요? 생각이 많아졌
거나 감정의 통증을 느끼고 계신다 해도 너무 걱정하지 마세요. 오
랫동안 당신 안에 있었던 해묵은 것들이 빠져나가는 명현현상이니
까요. 그것들이 자연스레 비워지고 나면 원래의 맑고 밝은 당신의
모습을 되찾을 수 있지요.

　타로카드 점을 본 적 있으신가요? 타로카드는 총 80장으로 구
성되어있는데 그중 78개의 카드는 의미를 지니고 있는 반면 2개는
블랭크 카드, 즉 아무 의미가 없는 카드입니다. 하지만 다른 카드, 예

를 들어 73번 카드를 잃어버렸을 때, 우리는 그때부터 블랭크카드를 73번 카드라고 생각하며 활용할 수 있게 됩니다. 저는 우리 인생이란 마치 블랭크 카드 같은 것이 아닐까 생각해봅니다. 우리가 생각하는 대로, 정의하는 대로 내 인생을 만들어나갈 수도 있고, 반대로 아무것도 되지 않을 자유 또한 우리에게 있습니다. 그런데 우리가 살면서 축적한 수많은 고정관념과 내 안에 깊숙이 자리한 핵심감정, 신념들이 우리를 끊임없이 움직입니다. 무한한 가능성을 가지고 태어난 존재인데 자꾸 스스로의 한계를 긋고 남들과 비교하며 나 자신을 조건적으로 대합니다. 그래서 혹자는 우리 인간을 '기억상실증에 걸린 신'이라고 부르더군요.

저 역시 오랜 시간 '왜 나만 이렇게 힘들까'라는 생각에 갇혀 있었습니다. 그것이 내가 만든 마음감옥인지도 모르고 그 감옥으로부터 도망치기 위해 전세계를 돌아다니며 치열하게 살았습니다. 열심히 산 덕분에 먹고살 만해졌고 원하는 많은 것들을 이루었습니다. 하지만 완벽하게 행복하다는 생각이 들지 않았어요. 일이 내 뜻대로 되지 않거나 내 마음인데 내 마음대로 되지 않을 때마다 화가 났습니다.

그래서 마음을 공부하기 시작했지요. 전세계를 한 바퀴 돌며

500명의 삶을 인터뷰한 저였지만 제 자신에 대해서는 정작 깊게 들여다본 적이 없더군요. 그래서 정신분석을 통해 나라는 하나의 우주를 해체하고 다시 쌓아 올렸습니다. 우연한 계기로 페루에서 영혼의 씻김굿을 받고 사주명리, 타로, 별자리 등을 공부하며 운명 앞에 겸손해졌습니다. 또 심리학, 양자역학, 뇌과학, 철학, 역사 등 다양한 분야의 책을 독파했습니다. 결정적으로 좋은 스승님과 도반들을 만나 마음 수행하고 금강경을 공부하며 큰 도움을 받았습니다.

덕분에 저를 괴롭혔던 수많은 번뇌들이 사실은 제 머릿속에서 만들어낸 허상이었다는 것을 알게 되었습니다. 우리가 겪어온 모든 일들과 앞으로 겪을 일들은 장기적인 관점에서, 또 먼 우주에서 내려다 봤을 때는 좋고 나쁨도, 옳고 그름도, 아름다움과 추함의 분별도 없는 '그냥 그런 것'이지요. 어떤 상황에서든 대상을 볼 때 나의 감정, 고정관념, 가치관 등을 씌우지 않고 있는 그대로 받아들여 흔들리지 않는 상태를 불교에서는 여여(如如)하다고 표현합니다. 모든 것을 '있는 그대로' 받아들이기 시작하니 고통이 더 이상 고통이 아니고, 힘듦이 더 이상 힘듦이 아니더군요.

그렇게 내가 나를 '있는 그대로' 받아들이고 나를 온전히 보호해줄 '마음의 집'이 생기자 저를 둘러싼 마음감옥은 스르르 녹아내렸고 저는 자유로워졌습니다. 그러자 80개국을 정처 없이 헤맸던

10여 년의 유목민 생활도 자연스럽게 마무리되었지요. 이제 사람들이 어느 나라가 제일 좋았냐고 물어보면 저는 "내가 있는 바로 여기"라고 답합니다. 내 마음이 천국이면 어딜 가도 천국일수 있으니까요.

물론 저 역시 아직도 마음공부 중이라 여러 상황이나 타인의 말과 행동으로부터 완전히 자유롭지는 못합니다. 하지만 예전 같으면 100% 감정의 파도에 휩쓸릴 일을 이제 30% 정도로만 반응하게 되었습니다. 제 개인으로서는 장족의 발전이지만 세상 곳곳에 있는 영혼의 스승님들과 고수들의 깨달음에 비하면 아직 어리석은 중생에 불과합니다. 그럼에도 주제넘게 이런 책을 쓰게 된 것은 아직도 마음감옥에 사로잡혀 있는 분들께 그것은 모래로 만들어진 허구의 성이니 툭 치면 무너져 내릴 거라고 알려드리고 싶어서였습니다.

똑똑한 사람은 경험을 통해 배우지만 지혜로운 사람은 남의 경험을 통해 배운다고 합니다. 저는 그다지 지혜롭지는 못해서, 모든 일을 직접 경험하고 아파하고 오랜 시간 고통스러워 한 후에야 조금의 깨달음을 얻을 수 있었습니다. 그리고 그렇게 얻은 것들을 이곳에 풀어놓았습니다. 지혜로운 여러분은 이 책을 통해 좀 더 쉽게 행복 이상의 자유, 여여함을 누렸으면 합니다.

수처작주 입처개진(隨處作主 立處皆眞)이라는 말이 있습니다. '있는 곳에서 주인이 되면 그 자리가 진리가 된다'라는 뜻이지요. 우리는 행복해지기 위해 필요한 모든 것을 가지고 태어났습니다. 미처 모르고 살아 왔을 뿐이지요. 여러분이 내 인생의 주인, 마음의 주인, 운명의 주인, 그리고 지금 이 순간의 주인이 되는 순간, 태어났을 때부터 늘 나를 위해 존재해온 그곳, 쉼 없이 나를 지켜주고 따뜻하게 품어주는 나만의 마음스파를 찾게 될 것입니다.

2018년을 맞으며 김수영 올림

감
사
의
글

원고를 시작한 시점부터 책이 나올 때까지 꼼꼼한 검토와 다양한 의견으로 지대한 역할을 해주신 권진우, 김은수, 나영미, 민형선, 서만수, 손재혁, 이찬미, 이한경, 임선주, 정미영 독자 편집위원님께 감사드립니다.

이 책을 만드는 과정에서 물심양면으로 응원해주신 이진아 컨텐츠컬렉션 대표님, 계속해서 애정어린 피드백과 제안을 해주신 권은경, 윤성훈 편집자님과 남인숙, 한재우, 이종숙 님, 함께 좋은 컨텐츠를 만들어 온 좀놀아본언니 장재열군과 오수지님께도 감사드립니다.

또한 제 마음여행에 함께 해 주신 이요셉 소장님과 최양숙 교수님, 마음수행의 세계로 인도해주신 정현희 스승님을 비롯한 해밀 모임 멤버들, 특히 금강경의 가르침을 전수해주신 정인진 변호사님께 진심으로 감사드립니다. 그리고 양자역학과 뇌과학을 통해 우주와 마음의 연결고리를 보여주신 미나스 카파토스 교수님과 수잔 양 교수님, 여신의 길을 앞서 나가고 계신 현경 교수님, 김은미 대표님, 배양숙 이사장님께도 존경의 마음을 표현하고 싶습니다.

아울러 출판업에 새로 도전하는 제게 아낌없는 조언을 주신 프레너미 김남길 대표님, 보랏빛소 김철원 대표님, 북피알미디어 나영광 대표님, 매경비즈 이경재님, 클라우드나인 장치혁, 안현주 대표님께도 감사드립니다.

무엇보다 저라는 사람을 창조해주신 부모님, 긴 세월 마음의 버팀목이 되어준 형제들, 그리고 내 안의 어린 아이를 성장시켜준 남편에게 고맙고 사랑한다고 말하고 싶습니다.

마음스파

초판 1쇄 발행 2017년 12월 30일
초판 8쇄 발행 2020년 4월 14일

지은이 김수영

발행인 김수영
디자인 [★]규
일러스트 사모

발행처 꿈꾸는 지구
출판사 등록일 2017년 4월 28일
이메일 dreamworkshop@naver.com
카카오톡 채널 꿈꾸는지구

홈페이지 dreampanorama.com
블로그 dreamworkshop.blog.me
페이스북 /dreampanorama
인스타그램 /dreampanorama

ⓒ 김수영, 2017
값 13,800원
ISBN 979-11-962466-0-0 (03190)